Rolf Oppliger
Philipp J. Stüssi

**Unternehmensweite
Kommunikationsnetze**

Rolf Oppliger
Philipp J. Stüssi

Unternehmensweite Kommunikationsnetze

vieweg

Der Verlag Vieweg ist ein Unternehmen der Verlagsgruppe Bertelsmann International.

Druck und buchbinderische Verarbeitung: W. Langelüddecke, Braunschweig
Gedruckt auf säurefreiem Papier
Printed in Germany

ISBN 3-528-05423-9

Vorwort

Unternehmensweite Kommunikationsnetze haben die Mitarbeiterinnen und Mitarbeiter von Unternehmen mit den zur Ausübung ihrer Tätigkeit erforderlichen Informationen zu versorgen. Kommunikationsnetze können von den Unternehmen entweder selbst entworfen, aufgebaut und betrieben werden, oder die kommunikationsbezogenen Aufgaben können ausgelagert und entsprechende Dienstleistungen fremdbezogen werden. Beide Möglichkeiten werden in diesem Buch beschrieben, erläutert und mit ihren Vor- und Nachteilen einander gegenübergestellt.

Das Buch basiert auf Forschungsarbeiten, die während der vergangenen zwei Jahre am Institut für Informatik und angewandte Mathematik (IAM) der Universität Bern durchgeführt worden sind. Es richtet sich an Informatiker und Wirtschaftsinformatiker, sowie an Telematiker und Fernmeldetechniker, die sich mit dem Aufbau von betrieblichen Informations- und Kommunikationssystemen befassen. Auf eine technisch fundierte und vollständige Einführung in die Fernmeldetechnik wird verzichtet; hierfür existieren bereits viele gute Lehrbücher. Stattdessen werden in diesem Buch die Konsequenzen herauszuarbeiten versucht, die sich aus den heute geltenden ordnungspolitischen Rahmenbedingungen und den zur Verfügung stehenden Telekommunikationsdiensten für den Aufbau und Betrieb von unternehmensweiten Kommunikationsnetzen ergeben.

Das Buch setzt sich aus sechs Kapiteln zusammen. In einem einleitenden Kapitel werden strukturelle Veränderungen auf den nationalen und internationalen Telekommunikationsmärkten aufgezeigt und ein Be-

2

darf an unternehmensweiten Kommunikationsnetzen ermittelt. Auf die
ordnungspolitischen Rahmenbedingungen und die in öffentlichen Fernmeldenetzen zum Aufbau und Betrieb von unternehmensweiten Kommunikationsnetzen angebotenen Telekommunikationsdienste wird in den
Kapiteln zwei und drei eingegangen. In Kapitel vier werden ein Rahmenmodell und eine Methode für die Analyse, den Entwurf und die Optimierung von unternehmensweiten Kommunikationsnetzen vorgestellt. Auf
die Möglichkeiten zur Auslagerung von Kommunikationsaufgaben und
zum Fremdbezug von entsprechenden Dienstleistungen wird in Kapitel
fünf eingegangen. Der Entscheid zwischen dem Aufbau und Betrieb eines
eigenen Netzes und dem Fremdbezug von Dienstleistungen stellt im wesentlichen ein "Make-or-Buy"-Entscheid dar; dieser Entscheid steht im
Zentrum des sechsten und zugleich letzten Kapitels. In zwei Anhängen
finden sich ein Glossar und eine Liste der verwendeten Abkürzungen.
Ein Literaturverzeichnis und ein Index schliessen dieses Buch ab.

Viele Personen haben direkt oder indirekt zum Gelingen dieses Buches beigetragen. Erwähnen möchten wir insbesondere unsere Kollegen
Dr. S. Weber, A. Greulich, J. Ernst und M. Gautschi vom Institut
für Informatik und angewandte Mathematik (IAM), sowie die Herren
A. Dürsteler, B. Liver und Dr. A. Scheuing von der schweizerischen
Telecom PTT. Herrn Dr. R. Klockenbusch und Frau W. Himmel vom
Vieweg-Verlag danken wir für die effiziente und überaus angenehme Zu-
sammenarbeit. Unser spezieller Dank geht an Prof. Dr. D. Hogrefe, un-
ter dessen fachkundiger Leitung sowohl unsere Forschungsarbeiten am
IAM als auch grosse Teile des Buches entstanden sind.

Bern, im Januar 1994

Rolf Oppliger

Philipp Stüssi

Inhaltsverzeichnis

Abbildungsverzeichnis

8 Abbildungsverzeichnis

Tabellenverzeichnis

Kapitel 1

Einleitung

In diesem Kapitel wird gezeigt, weshalb unternehmensweite Kommunikationsnetze eine immer wichtigere Rolle spielen. Im ersten Unterkapitel werden einige Begriffe eingeführt und auf die zunehmende Bedeutung des Produktionsfaktors Information hingewiesen. Strukturelle Veränderungen auf den nationalen und internationalen Telekommunikationsmärkten werden im zweiten Unterkapitel diskutiert. Schliesslich wird im dritten Unterkapitel ein Bedarf an unternehmensweiten Kommunikationsnetzen ermittelt.

1.1 Telekommunikation

Der Begriff *Kommunikation* ist aus dem lateinischen Wort "communis" abgeleitet, das mit "Gemeinsamkeit", "Gemeinschaft" oder "Mitteilung" übersetzt werden kann. Kommunikation kommt durch den bi- oder multilateralen Austausch von Information[1] tragenden Signalen zustande.

Geht die Signal- und Informationsübertragung über die Hör- und Sichtweite hinaus, dann spricht man von *Telekommunikation*; das grie-

---

[1] An dieser Stelle wird darauf verzichtet, den Begriff "Information" genau zu definieren; intuitive Vorstellungen sollen hier ausreichen.

chische Präfix "Tele" steht für "weit" oder "fern". Geht aus dem Kontext hervor, dass von Telekommunikation die Rede ist, dann wird dieses Präfix auch etwa weggelassen und Telekommunikation unter dem Begriff "Kommunikation" subsummiert.

Die Fähigkeit, miteinander kommunizieren zu können, wird als eine grundlegende Voraussetzung für die Entwicklung von intelligentem Leben betrachtet. Seit Urzeiten setzen Menschen audiovisuelle Mittel ein, um miteinander (tele)kommunizieren zu können. Trommeln, Rauch- und Feuerzeichen, sowie Signalflaggen und -hörner sind die Vorläufer der Telekommunikation.

Der eigentliche Siegeszug der modernen Telekommunikation hat aber erst mit dem Einzug der Elektronik begonnen. Wichtige Daten sind hier die Erfindung des Telegraphen durch Samuel F.B. Morse (1837), sowie die Patentierung des Telefons durch Alexander G. Bell (1876). Seither hat die Telekommunikation eine stürmische Entwicklung durchlebt. Sie stellt heute eine wichtige Ergänzung der *elektronischen Datenverarbeitung* (EDV) und der *Informationstechnologie* (IT) dar. Informationsverarbeitende und kommunizierende Systeme werden im folgenden auch etwa als *Informations- und Kommunikationssysteme* (IuK-Systeme) bezeichnet.

Die Existenz eines gut ausgebauten IuK-Systems, bzw. die Fähigkeit dieses Systems, die von den Mitarbeitern und Mitarbeiterinnen eines Unternehmens zur Ausübung ihrer Tätigkeit benötigten und relevanten Informationen *jederzeit*, an *jedem Ort* und in *jedem Format* verfügbar zu machen, stellt heute eine wichtige Voraussetzung dar, damit Entscheide termingerecht und in der gewünschten Qualität überhaupt noch gefällt werden können.

Im Dienstleistungssektor stellt diese Fähigkeit für viele Unternehmen bereits heute einen *strategischen Erfolgsfaktor* dar. Auch in der Industrie und anderen Wirtschaftszweigen wird die strategische Bedeutung von *Information* als einen *Boden*, *Kapital* und *Arbeit* ergänzenden vierten *Produktionsfaktor* in zunehmendem Mass erkannt [Han92]. Dabei stellen Produktionsfaktoren wirtschaftliche Grössen dar, die eine Produktion von Wirtschaftsgütern oder eine Bereitstellung von Dienstlei-

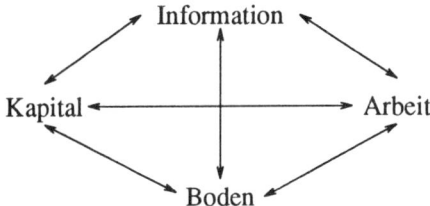

Abbildung 1.1: Produktionsfaktoren

stungen ermöglichen. Abbildung 1.1 zeigt die vier Produktionsfaktoren mit ihren gegenseitigen Beziehungen.

Längerfristig ist anzunehmen, dass sich der Wandel von einer *Industrie-* zu einer *Informationsgesellschaft* fortsetzen wird, und dass sich auf den Märkten nur noch Unternehmen werden durchsetzen können, die der Bedeutung von Information konsequent Rechnung tragen und sich auch entsprechend verhalten.

Einer Schätzung der Kommission der *Europäischen Gemeinschaft* (EG[2]) folgend, werden im Jahr 2000 mehr als 60% aller Beschäftigten eine informationsbezogene Tätigkeit ausüben, und dabei etwa zwei Drittel des Bruttosozialprodukts der westlichen Industrieländer erarbeiten [UC89]. Als Infrastruktur für den Dienstleistungssektor und als wichtige volkswirtschaftliche Grösse wird die Telekommunikation auch in Zukunft einen grossen (und immer grösseren) Einfluss auf die Beschäftigungspotentiale in den verschiedenen Staaten ausüben.

1.2 Telekommunikationsmärkte

Auf einem *Markt* werden *Güter* und *Dienste* von *Produzenten* angeboten und von *Konsumenten* nachgefragt. Abbildung 1.2 zeigt ein entsprechendes Marktmodell.

---

[2]Mit dem Inkrafttreten der Maastrichter-Verträge ist aus der EG die Europäische Union (EU) entstanden.

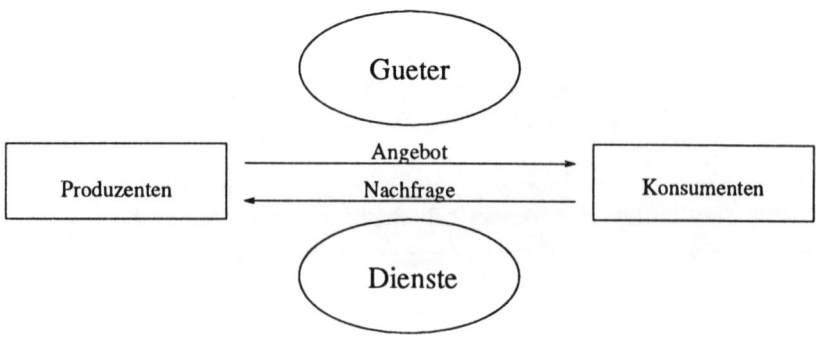

Abbildung 1.2: Marktmodell

Märkte können national, multinational oder international organisiert
sein. Während sich ein *nationaler* Markt auf einen Staat beschränkt,
werden in einem *multinationalen* Markt mehrere nationale Märkte zusammengefasst. Der europäische Binnenmarkt stellt in diesem Sinne
einen multinationalen Markt dar. In zunehmendem Mass werden nationale und multinationale Märkte zu *internationalen* oder *globalen* Märkten zusammengeführt; dies gilt z.b. seit längerer Zeit schon für kapital-
intensive Investitionsgütermärkte.

Auf einem (nationalen, multinationalen oder internationalen) *Telekommunikationsmarkt* werden Telekommunikationsgeräte und -dienste
angeboten und nachgefragt. Waren noch bis vor wenigen Jahren die
meisten Telekommunikationsmärkte national organisiert und von staatlichen oder privaten Fernmeldemonopolen beherrscht, findet zurzeit eine
Öffnung und Internationalisierung dieser Märkte statt. Auf beide Ent-
wicklungstendenzen wird im folgenden kurz eingegangen.

1.2.1 Öffnung der Märkte

Aus der Sicht des Benutzers ist ein *Fernmeldemonopol* nur solange sinnvoll, als dadurch Telekommunikationsgeräte und -dienste besser oder kostengünstiger angeboten und erbracht werden können. Nun hat sich aber
in vielerlei Hinsicht gezeigt, dass Monopolanbieter keine ideale Markt-

versorgung gewährleisten. Dabei spielt sicher auch eine Rolle, dass die fehlende Konkurrzenz eine gewisse Innovationsträgheit bewirken kann.

Die meisten Staaten gehen heute dazu über, ihre nationalen Telekommunikationsmärkte schrittweise zu deregulieren und zu liberalisieren, bzw. ihre Fernmeldegesellschaften zu privatisieren [Mey88]:

- Als *Regulierung* bezeichnet man das ordnungspolitische Eingreifen eines Staates in einen oder mehrere Märkte, um eine kostengünstige und flächendeckende Marktversorgung sicherzustellen, sowie eine geordnete und stete Marktentwicklung zu ermöglichen. Insbesondere soll die Regulierung ein Marktversagen verhindern. Von Marktversagen spricht man, wenn der freie Wettbewerb in einem Markt verzerrt und Ineffizienz die Folge ist. Im Rahmen einer Regulierung können Handlungs- und Vertragsfreiheiten von Marktteilnehmern, sowie die Gewerbefreiheit und die Konsumsouveränität eingeschränkt werden.

  Die *Deregulierung* bezeichnet den umgekehrten Prozess; die Rücknahme oder Entschärfung von regulierenden Vorschriften.

- Im Rahmen einer *Liberalisierung* wird ein Markt aus einem staatlichen oder staatsähnlichen Monopol entlassen. Nach einer Liberalisierung hat die staatliche Kontrolle dafür zu sorgen, dass die ehemaligen Monopolisten ihren technischen Vorsprung gegenüber ihren Konkurrenten nicht zur fortgesetzten Marktbeherrschung missbrauchen können.

- Im Rahmen einer *Privatisierung* wird Staats- in Privatbesitz übergeführt. Einer Privatisierung liegt meist die Annahme zugrunde, dass privat betriebene Unternehmen effizienter geführt würden als staatliche Betriebe. Verschiedene Privatisierungen im Transport- und Energiewesen haben diese Annahme bekräftigt.

Massgeblich beeinflusst haben die Deregulierungs-, Liberalisierungs- und Privatisierungstendenzen auch die Entwicklungen in den USA. Hier befand sich das *Bell-System*, ein homogenes nationales Fernsprechnetz, bis Ende der 60er Jahren im alleinigen Besitz der *American Telephone and Telegraph Company* (AT&T). *Western Electric*, eine Tochterfirma von AT&T, produzierte Geräte und Einrichtungen fast ausschliesslich für dieses Bell-System und machte AT&T damit zu einem riesigen, vertikal integrierten Konzern. Abbildung 1.3 zeigt das Organigramm des AT&T-Konzerns [CFTG92].

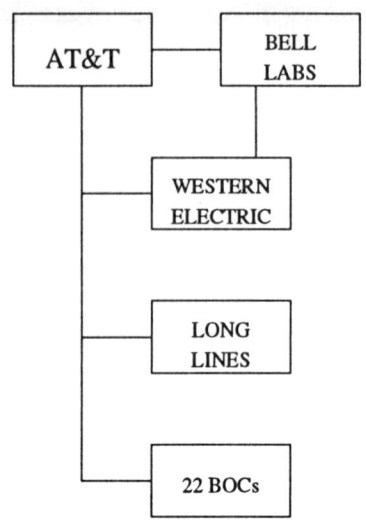

Abbildung 1.3: Organigramm des AT&T-Konzerns

Neben AT&T und Western Electric waren noch die Bell Telephone Laboratories (*Bell Labs*), eine für Ferngespräche zuständige Division (*Long Lines*), sowie 22 lokale *Bell Operating Companies* (BOCs) in den AT&T-Konzern eingebunden. Die Bell Labs stellen auch heute noch das weltweit grösste private Forschungs- und Entwicklungslabor dar. Viele Schlüsseltechnologien sind hier (ganz oder teilweise) entwickelt worden; man denke etwa an den Transistor, den Laser, die Solarzelle, das Funktelefon, oder an das Betriebssystem UNIX.

Der amerikanische Telekommunikationsmarkt wurde durch den Konzern rund um AT&T faktisch monopolisiert. 1949 begann sich das amerikanische Justizdepartement und ab 1956 auch die *Federal Communi-*

cations Commission (FCC), eine 1934 geschaffene Aufsichtsbehörde, des Monopols anzunehmen. 1968 hat die FCC einen Deregulierungsprozess eingeleitet, der erst 16 Jahre später mit einer Entflechtung von AT&T und einer Abspaltung des grössten Teils des Bell-Systems enden sollte [UC89].

Auf den 1. Januar 1984 wurde das Bell-System unter den 22 BOCs aufgeteilt und die BOCs auf die sieben *Regional Bell Holding Companies* (RBHCs) Nymex, Bell Atlantic, Ameritech, Bell South, Southwestern Bell, US West und Pacific Telesis so verteilt, dass alle RBHCs von derselben Marktstärke ausgehen konnten [Yos89, All89]. Tabelle 1.1 zeigt die RBHCs und die ihnen zugeteilten BOCs.

RBHC	BOCs
Southwestern Bell	1
Nymex	2
Bell South	2
Pacific Telesis	2
US West	3
Ameritech	5
Bell Atlantic	7
	22

Tabelle 1.1: Regional Bell Holding Companies

Das Territorium der USA wurde in 161 *lokale Zugangs- und Übertragungsgebiete* (local access and transport areas, LATAs) aufgeteilt. Die BOCs und einige unabhängige Telefongesellschaften dürfen Kommunikationsdienste nur innerhalb dieser LATAs anbieten und sind hier strengen Regulierungen unterworfen.

Telekommunikationsdienste zwischen LATAs und Dienste über Landesgrenzen hinaus stehen demgegenüber im Wettbewerb; mehrere Hundert Anbieter sind hier im Geschäft. Dominiert wird dieser Markt von den drei grossen Telekommunikationsanbietern AT&T, *Microwave Communications Incorporated* (MCI) und *US Sprint*.

Die BOCs scheinen sich heute mit den auf LATAs eingeschränkten
Aktionsgebieten nicht mehr zufrieden zu geben und suchen sehr intensiv nach Kooperationsmöglichkeiten mit nationalen und internationalen
Kabelfernsehgesellschaften. Dies gilt auch für die RBHCs; 1993 hat
z.b. Bell Atlantic mit der Kabelfernsehgesellschaft Telecommunications
fusioniert. Wie sich die Fusion dieser zwei Mediengiganten auf den internationalen Telekommunikationsmarkt auswirken wird, ist zurzeit noch
eine offene Frage und Gegenstand zahlreicher Spekulationen.

Aus zwei Gründen muss die Deregulierung des amerikanischen Telekommunikationsmarktes auch andere Staaten interessieren: Zum einen
wenden sich die 1984 freigesetzten wirtschaftlichen Kräfte seither in
verstärktem Mass dem internationalen Telekommunikationsmarkt zu,
und zum anderen beeinflusst und intensiviert die Situation in den USA
natürlich auch die Diskussion über ordnungspolitische Rahmenbedingungen für nationale Telekommunikationsmärkte in anderen Staaten.
AT&T hat z.b. seinen Anteil auf dem europäischen Telekommunikationsmarkt von 2.5% im Jahre 1985 auf 13% im Jahre 1990 steigern
können. Andere amerikanische Firmen verzeichnen ähnliche Erfolge in
Europa, während auf der anderen Seite in den USA europäische Telekommunikationsanbieter nur beschränkt haben Fuss fassen können.

Unter dem Druck der USA und aus der Überzeugung heraus, dass ein
offener und dynamischer Telekommunikationsmarkt erforderlich ist, um
in der sich abzeichnenden Informationsgesellschaft eine führende Rolle
übernehmen und spielen zu können, hat Japan relativ schnell reagiert
und seinen Telekommunikationsmarkt geöffnet: Auf den 1. April 1985
wurden die Fernmeldemonopole der *Nippon Telegraph and Telephone
Corporation* (NTT) auf nationaler, sowie der *Kokusai Denshin Denwa
Company Ltd.* (KDD) auf internationaler Ebene aufgehoben. Die Privatisierung von NTT wurde schrittweise vorangetrieben. Dass NTT bei
dieser Privatisierung keinen Schaden genommen hat, zeigt alleine die
Tatsache, dass NTT heute mit einem Börsenwert von rund 300 Milliar-
den US-$ das Unternehmen mit dem weltweit grössten Marktwert dar-
stellt. Unter 2.2 werden die ordnungspolitischen Rahmenbedingungen
von Japan noch einmal aufgegriffen.

In Europa hat der Auftrag zur flächendeckenden Versorgung mit elementaren Kommunikationsdiensten unter vergleichbaren Konditionen seit jeher die ordnungspolitischen Rahmenbedingungen der nationalen Telekommunikationsmärkte beherrscht.

Die starke Betonung dieser nicht abgegoltenen *gemeinwirtschaftlichen Leistungen* hat unter anderem dazu geführt, dass in den meisten europäischen Staaten der Aufbau von Fernmeldenetzen, der Betrieb von Telex- und Telefoniediensten, sowie die Bereitstellung der entsprechenden Endgeräte im Rahmen von Fernmeldemonopolen geregelt worden ist.

Die Liberalisierung ist der Weg, den diese Staaten zu gehen haben, um ihre Telekommunikationsmärkte zu öffnen. Dies hat auch die Kommission der EG erkannt und 1987 ein entsprechendes "Grünbuch über die Entwicklung des gemeinsamen Marktes für Telekommunikationsdienstleistungen und Telekommunikationsgeräte" veröffentlicht [EG87].

Mit diesem *Grünbuch* hat die Kommission der EG eine erste Diskussion über die ordnungspolitischen Rahmenbedingungen für einen gesamteuropäischen Telekommunikationsmarkt angeregt. Demnach sollen die nationalen Telekommunikationsmärkte für den Wettbewerb geöffnet werden, ohne den existierenden und etablierten Telekommunikationsanbietern die Existenzgrundlage zu entziehen. Wettbewerb müsste die Regel und Monopole die zu begründenden Ausnahmen sein; dies gelte vor allem für die Endgeräte. Ein offener europaweiter Markt für Endgeräte sei eine notwendige Voraussetzung dafür, dass sich in der EG die erforderliche Vielfalt von benutzerorientierten Telekommunikationsdiensten überhaupt erst entwickeln und etablieren könne.

Mit dem Erscheinen des Grünbuches wurden in fast allen europäischen Staaten die bisher gültigen ordnungspolitischen Rahmenbedingungen für die Telekommunikationsmärkte in Frage gestellt und entsprechende Reformen eingeleitet. Im nächsten Kapitel wird auf die Reformen in Deutschland, Frankreich, Grossbritannien und Italien noch eingegangen. Mit dem Inkrafttreten des neuen *Fernmeldegesetzes* (FMG) am 1. Mai 1992 ist auch in der Schweiz der nationale Telekommunikationsmarkt EG-konform liberalisiert worden (vgl. 2.4).

In vielen Staaten pendent ist die Frage nach einer Privatisierung der
meist staatlichen Fernmeldegesellschaften. In Grossbritannien wurde
British Telecommunications plc (BT) bereits 1984 privatisiert. Beim
Betrieb von landesweiten Netzen hat sich BT heute der Konkurrenz
von *Mercury Communications Ltd.* zu stellen. Weil ein privates Unternehmen keinen geographischen Grenzen mehr verpflichtet ist und auf
internationaler Ebene auftreten und anbieten kann, erstaunt es nicht
besonders, dass BT heute "zu den aggressivsten Betriebsgesellschaften
auf dem internationalen Telekommunikationsmarkt" zählt [Fre92]. Die
Neuausrichtung auf den internationalen Telekommunikationsmarkt findet unter anderem auch darin ihren Ausdruck, dass BT heute das Ele-
ment "British" in der Firmenbezeichnung häufig unterdrückt.

Ein erster Schritt in Richtung Privatisierung ist die organisatorische,
administrative und finanzielle Trennung von Post- und Telekommunika-
tionsdepartementen innerhalb der PTT-Betriebe. Diesen Schritt haben
viele Fernmeldegesellschaften bereits vollzogen und über eine rechtliche
Trennung wird debattiert.

In Schwellen- und Entwicklungsländern, sowie neuerdings auch in
Osteuropa ist die Situation anders; zwar macht sich auch hier ein starker
Trend zur Privatisierung bemerkbar, doch finden Privatisierungen hier
nicht schrittweise sondern meist auf einen Schlag statt.

Mit dem Öffnen von Telekommunikationsmärkten sind natürlich
auch Gefahren verbunden, die es im einzelnen zu bewerten und in die
Überlegungen miteinzubeziehen gilt. So besteht z.B. die Gefahr, dass
ein privatisierter Telekommunikationsanbieter seine Dienste nicht mehr
flächendeckend oder nicht mehr für alle zu vergleichbaren Konditionen
zur Verfügung stellt. Weiter besteht die Gefahr, dass eine zu weitreichende oder zu schnelle Deregulierung oder Liberalisierung den Konkurrenzkampf unter den Telekommunikationsanbietern derart intensivieren
kann, dass schwächere Anbieter unterliegen und aus dem Markt aus-
scheiden müssen. Eine Konzentration auf einen oder nur wenige Telekommunikationsanbieter wäre die unerwünschte Folge.

Einer Öffnung eines Telekommunikationsmarktes ist daher immer
eine *Telekommunikationspolitik* zugrunde zu legen, und das Grünbuch

der EG hat zum ersten Mal die Notwendigkeit einer Telekommunikationspolitik auf gesamteuropäischer Ebene postuliert.

1.2.2 Internationalisierung der Märkte

Das politische, wirtschaftliche und kulturelle Zusammenrücken der verschiedenen Staaten hat unter anderem bewirkt, dass Unternehmen ihre Tätigkeiten geographisch ausgeweitet haben und heute multi- bzw. international auftreten und agieren. Eine *Internationalisierung* und *Globalisierung* von Märkten ist die Folge, und Telekommunikationsmärkte stellen hier keine Ausnahme dar. Länderübergreifend und unabhängig von den geographischen Standorten der Niederlassungen eines Unternehmens werden Daten heute dort aufbereitet und verarbeitet, wo die geringsten Kosten anfallen; Schadensfälle von amerikanischen Versicherungen z.B. in Irland und Daten von Swissair in Indien.

Eine empirische Studie über die Standortentscheide auf internationaler Ebene hat gezeigt, dass die ordnungspolitischen Rahmenbedingungen und die in den verschiedenen Staaten angebotenen Telekommunikationsdienste zwei wesentliche Entscheidungsfaktoren darstellen [Pre88]. Beide Punkte werden in den Kapiteln zwei und drei wieder aufgegriffen.

Für eine Internationalisierung von Telekommunikationsmärkten sprechen auch ökonomische Gründe: Die hohen *Forschungs-*, *Entwicklungs-* und *Investitionskosten* im Telekommunikationsbereich lassen sich in der Regel nicht mehr über die Anteile auf nationalen Märkten abgelten. Grössere Märkte müssen gefunden und bedient werden, damit potentiell vorhandene *Grössenvorteile* (economies of scale) auch ausgenutzt werden können.

Aus volkswirtschaftlichen Überlegungen ist es wenig sinnvoll, ähnliche Fragestellungen von unterschiedlichen Organisationen untersuchen und bearbeiten zu lassen. Die *Forschung* und *Entwicklung* muss koordiniert werden; ansonsten läuft man Gefahr, das Rad zwei- oder mehrmals zu erfinden. Die Notwendigkeit einer Koordination der nationalen Forschungs- und Entwicklungsaktivitäten ist in den USA und Japan schon frühzeitig erkannt worden. Während in den europäischen Staaten

z.B. unter grossem Kosten- und Zeitaufwand acht verschiedene digitale
Vermittlungssysteme entwickelt worden sind, hat man sich in Japan auf
zwei und in den USA auf deren drei beschränkt.

Die Kommission der EG hat das Problem erkannt. Mit spezifischen Forschungsprogrammen versucht sie, die Forschung und Entwicklung europaweit zu koordinieren und in zukunftsträchtige Bahnen zu
lenken. Für die Telekommunikation von besonderer Bedeutung ist das
EG-Forschungsprogramm *RACE* (Research and Development in Advanced Communication Technology for Europe), das sich mit verschiedenen
Aspekten der *integrierten Breitbandkommunikation* (integrated broadband communication, IBC) befasst. Ging es in der ersten Phase von
RACE noch um ein Ausloten von technischen Möglichkeiten, stehen in
RACE II konkrete IBC-Anwendungen im Vordergrund.

Sowohl die Öffnung als auch die Internationalisierung der Telekommunikationsmärkte haben zu einer wesentlichen *Verschärfung der Wett-
bewerbssituation* auf den nationalen und internationalen Telekommunikationsmärkten beigetragen. Es ist kaum anzunehmen, dass sich diese
Situation in den nächsten Jahren beruhigen wird. Nicht zuletzt bewirken die auf den Telekommunikationsmärkten verzeichneten überdurchschnittlich hohen Marktzuwachsraten, dass sich die Telekommunikationsanbieter auch weiterhin um Anteile auf diesen Märkten streiten
werden.

Der Telekommunikationsmarkt hat sich von einem *Verkäufer-* zu einem *Käufermarkt* entwickelt. Die Anbieter sind heute gezwungen, von
einer *passiven* zu einer *aktiven Marktbearbeitungsstrategie* überzugehen;
zu agieren statt zu reagieren und mit neuen Angeboten auf den Telekommunikationsmärkten in Erscheinung zu treten. In Konkurrenz müssen
sie "um immer bessere Lösungen für die Probleme ihrer Kunden eintreten" [Gör92]. Dabei zeichnet sich ein *Paradigmenwechsel* ab; vom
Primat des technikorientierten Denkens hin zu einer markt- und kun-
dengetriebenen Handlungsweise, von einer *technologie-* zu einer *markto-
rientierten Unternehmenskultur.*

Profitieren von diesem Konkurrenzkampf und Paradigmenwechsel werden zuletzt die Telekommunikationsbenutzer, die bei günstigeren Tarifen diversifizierte und verbesserte Leistungsangebote erwarten dürfen.

1.3 Unternehmensweite Kommunikationsnetze

Man kann ein *Unternehmen* als material- und informationsverarbeitendes sozio-technisches System verstehen, das auf mehrere Niederlassungen verteilt sein kann. Die Niederlassungen werden im folgenden auch etwa als *Unternehmenseinheiten* bezeichnet.

Unternehmenseinheiten zeichnen sich durch lokale, regionale und überregionale Kommunikationsbedürfnisse aus. Im lokalen Bereich können die Bedürfnisse noch durch privat betriebene *lokale Netze* (local area networks, LANs), *Teilnehmervermittlungsanlagen* (TVAs) und Funknetze abgedeckt werden. Anders verhält es sich im regionalen und überregionalen Bereich; hier hat Kommunikation aufgrund der geltenden ordnungspolitischen Rahmenbedingungen und aufgrund wirtschaftlicher Überlegungen meist über öffentliche Netze zu führen [OWL92, WOH92].

Aus dem Zusammenschluss von privat betriebenen lokalen Kommunikationssystemen über öffentliche Netze entsteht ein *unternehmensweites Kommunikationsnetz*. Unternehmensweite Kommunikationsnetze werden auch als *Unternehmens-* oder *Konzernnetze* bezeichnet [SH92]. Gemeint sind alle Kommunikationsmittel, die direkt oder indirekt mit der Übertragung von Sprach-, Daten- oder Bildinformationen zu tun haben. Ein unternehmensweites Kommunikationsnetz hat standortübergreifend ebenso gute Kommunikationsmöglichkeiten zu schaffen, wie lokal auf einem Firmengelände.

In der englischen Literatur wird dabei unterschieden, ob ein unternehmensweites Kommunikationsnetz lokale Kommunikationssysteme einbezieht oder nicht. Entsprechend werden *Corporate Networks* und *Enterprise Networks* unterschieden, und ein Corporate Network entspricht einem um lokale Kommunikationssysteme erweiterten Enterprise Network. In der deutschsprachigen Literatur wird diese Unterscheidung (noch) nicht gemacht.

Die Tatsache, dass ein unternehmensweites Kommunikationsnetz im regionalen und überregionalen Bereich auf öffentlichen Netzen basiert, sowie die permanente Überwachung dieser Netze, ihre hohe Konnektivität und ihre redundante Auslegung, geben dem Benutzer die Gewissheit, dass sein Kommunikationsnetz (fast) jederzeit zur Verfügung steht und Störungen so schnell als möglich behoben werden.

Um die strategische Bedeutung von unternehmensweiten Kommunikationsnetzen ausnutzen zu können [Val93], werden sinnvollerweise *Netze für Kommunikationsgemeinschaften* betrachtet, und als Kommunikationsgemeinschaften Familien von Unternehmen verstanden, deren Wertschöpfungsketten eng miteinander verknüpft sind [For92]. Ein Unternehmen mit all seinen Lieferanten und Kunden stellt z.b. eine solche Kommunikationsgemeinschaft dar.

Wenn Unternehmen aufgrund internationaler Aktivitäten ihre Organisationsstrukturen dezentralisieren, dann müssen sie in der Regel auch ihre IT-Systeme anpassen und erweitern. Ein massiver Auf- und Ausbau von unternehmensweiten Kommunikationsnetzen ist die Folge. Diesbezügliche Schätzungen besagen, dass der Markt für unternehmensweite Kommunikationsnetze in den kommenden Jahren in Europa um 5% und in den USA um 10% pro Jahr wachsen wird. Bis zur Jahrtausendwende ist damit zu rechnen, dass mehr als 100 Millionen Computersysteme in mindestens ein unternehmensweites Kommunikationsnetz eingebunden sein werden [Mul92].

Grossunternehmen verfügen bereits heute über gut ausgebaute Kommunikationsnetze. So ist die *International Business Machines* (IBM) Corporation mit ihrem Netz z.B. in mehr als 90 Ländern vertreten. Das Netz verbindet 300'000 interne mit 800'000 externen Benutzern.

Für Unternehmen, die ein unternehmensweites Kommunikationsnetz benutzen wollen, gibt es grundsätzlich zwei Möglichkeiten: Entweder bauen sie auf der Basis von privaten Netzen und in öffentlichen Netzen angebotenen Telekommunikationsdiensten ein eigenes unternehmensweites Kommunikationsnetz auf und betreiben dieses Netz auch selbst, oder sie mieten sich in fremde Kommunikationsnetze ein, und übergeben damit Teile oder den gesamten Netzaufbau, -betrieb und -unterhalt an

Dritte. Der Entscheid zwischen diesen Möglichkeiten stellt im wesentlichen einen "Make-or-Buy"-Entscheid dar: Das Unternehmen kann die erforderlichen Kommunikationsdienstleistungen entweder selbst erbringen (Make), oder es kann sie auslagern und fremdbeziehen (Buy). Im Vorwort wurde bereits vermerkt, dass es das primäre Anliegen dieses Buches ist, diesen "Make-or-Buy"-Entscheid zu objektivieren.

Im englischen Sprachraum ist aus dem Zusammenzug der beiden Wörter "Outside" und "Resourcing" der Begriff *Outsourcing* entstanden. Outsourcing lässt sich mit *Auslagerung, Fremdvergabe* oder *-bezug* übersetzen, allerdings werden diese Begriffe nicht einheitlich und oft in unterschiedlichen Bedeutungen verwendet.

Auslagern und fremdbeziehen lassen sich grundsätzlich alle betrieblichen Aufgaben und Leistungen, und Outsourcing ist denn auch in vielen Wirtschaftsbereichen bereits seit langem üblich. Wenn auch meist nicht explizit als Outsourcing bezeichnet, stellen z.B. die nicht firmeninterne Erledigung von Transport- oder Marketingaufgaben Fremdbezüge dar.

Im Telekommunikationsbereich bezeichnet Outsourcing den Bezug von Kommunikationsdienstleistungen von Dritten, wobei als Dritte sowohl früher einmal zum Unternehmen gehörende, jetzt aber ausgelagerte und rechtlich selbständige Partner, als auch unabhängige Anbieter auftreten können [Hob92].

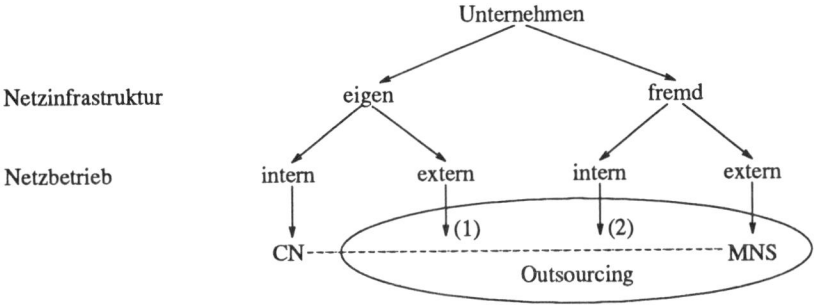

Abbildung 1.4: Formen von Outsourcing

Abbildung 1.4 zeigt die verschiedenen Formen von Outsourcing im Telekommunikationsbereich. Von Outsourcing spricht man immer dann, wenn entweder ein Unternehmen eine fremde Netzinfrastruktur benutzt, oder wenn es zwar ein eigenes Netz benutzt, dieses aber extern betreiben und verwalten lässt. In Abbildung 1.4 ist diese zweite Form des Outsourcing mit (1) gekennzeichnet. Mit (2) ist eine Situation detektiert, in der sich zwar ein Unternehmen für sein Kommunikationsnetz einer fremden Netzinfrastruktur bedient, den Betrieb und die Verwaltung des Netzes aber selbst besorgt. Die Gründe dafür können sicherheitspolitischer Natur sein; das Unternehmen kann z.B. verhindern wollen, dass sich der Netzbetreiber nicht autorisierten Zugriff auf die im Netz übertragenen Daten verschafft. Dies kann es grundsätzlich nur dadurch erreichen, dass es den gesamten Netzbetrieb selbst übernimmt. Auf die Sicherheitsprobleme in unternehmensweiten Kommunikationsnetzen wird unter 6.1.7 noch speziell eingegangen.

Die umfassendste Form von Outsourcing stellen *Managed Network Services* (MNS) dar. Ein MNS-Anbieter betreibt und verwaltet auf seinem Netz die Unternehmensnetze seiner Kunden. Die Übertragungs-, Umschalt- und Netzverwaltungsmöglichkeiten werden den Kunden gemeinsam zur Verfügung gestellt.

Wie in Kapitel fünf noch gezeigt wird, bieten heute viele Fernmeldegesellschaften, Telekommunikationsanbieter, Hardwarehersteller und Dienstleistungsunternehmen MNS an. Die Gründe, die ein Unternehmen dazu bewegen können, auf ihrem Kommunikationsnetz MNS anzubieten, sind sowohl finanzieller als auch wirtschaftsstrategischer und -politischer Natur. Die finanziellen Gründe liegen auf der Hand: Der MNS-Kunde trägt mit seinen Abonnements- und Lastgebühren direkt zur Finanzierung des Netzes bei. Weniger offensichtlich sind die wirtschaftsstrategischen und -politischen Gründe. Hier gilt es zu beachten, dass ein Unternehmen, das sich ein Netz von einem MNS-Anbieter betreiben lässt, ein enges Abhängigkeitsverhältnis eingeht, und grundsätzlich nicht ausgeschlossen werden kann, dass diese Abhängigkeit für andere Zwecke missbraucht wird.

Der "Make-or-Buy"-Entscheid, d.h. die Frage ob und wieviel Kommunikationsdienstleistungen auszulagern und fremdzubeziehen sind, ist mitunter einer der schwierigsten und folgenschwersten Entscheide, der für viele Unternehmen in den kommenden Jahren ansteht. Es gibt gute Gründe, die für den Fremdbezug sprechen. So ermöglicht der Fremdbezug z.b. eine Konzentration und Fokussierung auf das (oder die) *Kerngeschäfte* (core businesses), eine Abwälzung von des Risiken, eine institutionalisierte und in der Regel verbesserte Technologiemigration, flexibler handhabbare Kapazitätsgrenzen, sowie möglicherweise eine Kostenreduktion, bzw. eine verbesserte Leistungstransparenz.

Besondere Vorteile erwachsen aus den Möglichkeiten zum *One-Stop Shopping* und *One-Stop Billing*, d.h. aus der Verhandlung mit nur einem Vertragspartner, bzw. aus der pauschalen Verrechnung von Netzbetriebs-, -unterhalts- und Kommunikationskosten. In Analogie zur Pauschalfrankierung der Briefpost ermöglicht One-Stop Billing eine vereinfachte Budgetierung von Telekommunikationskosten.

Outsourcing liegt zurzeit stark im Trend und hat sich zu einem Synonym für Kosteneinsparung, Risikobeschränkung, Flexibilität und rasche Verfügbarkeit von neuen Technologien entwickelt. Insbesondere in Rezessionszeiten ist ein deutlicher Trend in Richtung Outsourcing spürbar:

"Outsourcing network management responsibilities, in whole or in part, is becoming increasingly popular, especially among corporations hit hard by the recession. Hiring, training, and keeping a staff of technicians is becoming a luxury that few companies can afford" [Mul92].

Gegen Outsourcing sprechen vor allem drohende Abhängigkeiten vom Anbieter und damit zusammenhängende Sicherheitsbedenken, der Widerstand der betroffenen Mitarbeiter, sowie der drohende Verlust von firmeneigenem Fachwissen.

Kapitel sechs wird sich noch ausführlich mit dem "Make-or-Buy"-Entscheid befassen; anhand verschiedener Entscheidungsfaktoren werden die Vor- und Nachteile von möglichen Outsourcing-Szenarien herauszuarbeiten versucht. Vorgänging werden im zweiten und dritten Kapitel die ordnungspolitischen Rahmenbedingungen und die in öffentlichen Netzen zum Aufbau und Betrieb von unternehmensweiten Kommunikationsnetzen angebotenen Telekommunikationsdienste beschrieben. Ein Rahmenmodell und eine von diesem Modell abgeleitete Methode für die Analyse, den Entwurf und die Optimierung von unternehmensweiten Kommunikationsnetzen werden im vierten, Möglichkeiten zur Auslagerung von Kommunikationsaufgaben und den Fremdbezug von entsprechenden Dienstleistungen im fünften Kapitel vorgestellt.

Kapitel 2

Rahmenbedingungen

Dieses Kapitel befasst sich mit den ordnungspolitischen Rahmenbedingungen, die in den verschiedenen Staaten sowohl die Möglichkeiten für den Aufbau und Betrieb von unternehmensweiten Kommunikationsnetzen, als auch den Spielraum bei der Auslagerung von Kommunikationsaufgaben und den Fremdbezug von entsprechenden Dienstleistungen regeln. Auf die Deregulierung des amerikanischen Telekommunikationsmarktes und die Aufspaltung von AT&T wurde in der Einleitung bereits eingegangen. In fast allen Staaten haben die Entwicklungen in den USA Reaktionen und ordnungspolitische Anpassungen bewirkt. Nach einer kurzen Einführung wird die Situation in Japan, in einigen EG-Mitgliedstaaten und in der Schweiz untersucht.

2.1 Einführung

Im Telekommunikationsbereich zeichnen sich die ordnungspolitischen Rahmenbedingungen eines Staates durch die *Fernmeldemonopole* aus, die einem (oder mehreren) *öffentlichen Netzbetreibern* übergeben worden sind. Beispiele von solchen Fernmeldemonopolen sind das Netz- und das Telefoniemonopol:

- Das *Netzmonopol* besagt, dass nur ein öffentlicher Netzbetreiber physikalische Leitungen verlegen und entsprechende Fernmeldenetze aufbauen und betreiben, bzw. auf diesen Netzen sogenannte Grunddienste anbieten darf. Dabei wird als Grunddienst ein Dienst verstanden, der als reiner Übertragungsdienst einen anwendungsneutralen Transport von Sprach-, Daten- oder Bildinformationen zum Inhalt hat (vgl. 3.1).

  Aufgrund ihrer spezifischen Bedürfnisse und Interessen sind von einem Netzmonopol meist spezielle Netze ausgenommen, wie sie z.B. von Eisenbahngesellschaften, Elektrizitätswerken oder vom Militär benötigt werden. Weil diese Netze für normale Benutzer nicht zugänglich sind, stellen sie keine Alternativen für öffentliche Netze und in öffentlichen Netzen angebotene Grunddienste dar und sind entsprechend auch keine direkte Konkurrenz für diese.

  Für den Aufbau und Betrieb von Netzen, die nicht explizit vom Netzmonopol ausgenommen sind, werden Konzessionen benötigt.

- Das *Telefoniemonopol* besagt, dass nur ein öffentlicher Netzbetreiber Sprachsignale für Dritte in Echtzeit übertragen darf.

In den meisten Staaten kommt den *PTT-Betrieben* (Post-, Telefonund Telegraphen-Betriebe) die Rolle des alleinigen öffentlichen Netzbetreibers zu. Es ist für die PTT-Betriebe eine bedrohliche und äusserst ernstzunehmende Situation, wenn mit der fortschreitenden Öffnung und Internationalisierung von Telekommunikationsmärkten in zunehmendem Mass auch ihre Fernmeldemonopole tangiert und in Frage gestellt werden.

Geöffnet, d.h. aus den Fernmeldemonopolen der PTT-Betriebe entlassen, sind heute in den meisten europäischen Staaten die Märkte für Endgeräte und erweiterte Telekommunikationsdienste. Zudem wird über die Berechtigung der verbleibenden Fernmeldemonopole debattiert. Die Benutzer würden es z.B. begrüssen, wenn sie von den PTT-Betrieben Leitungen kaufen könnten anstatt sie über lange Zeit mieten zu müssen. Ein breites Interesse, eige ne Leitungen verlegen zu dürfen, scheint dagegen kaum vorhanden zu sein. Diskutiert werden auch Möglichkeiten,

vom Monopol ausgenommene Netze besser auszunutzen und sie z.b. zusammen mit öffentlichen Netzen auf dem Telekommunikationsmarkt anzubieten. Unter 3.1 wird noch auf die spezielle Situation der Sprachübertragung eingegangen; es sei hier aber bereits vorweggenommen, dass die
EG 1998 das Telefoniemonopol auflösen und Telefoniedienste in privaten
Netzen auch für Dritte zulassen will.

Zwischen dem Öffnen eines Telekommunikationsmarktes und den gemeinwirtschaftlichen Leistungen der PTT-Betriebe existiert ein Zielkonflikt: Während die PTT-Betriebe eine flächendeckende Versorgung mit
bestimmten Telekommunikationsdiensten zu vergleichbaren Konditionen
sicherstellen müssen, können sich private Telekommunikationsanbieter
auf lukrative Dienste und Regionen konzentrieren, bzw. Dienste und
Regionen, die nur mit hohem Aufwand zu bedienen sind, unberück-
sichtigt zurücklassen. Ein (ohne flankierende Massnahmen) geöffneter
Telekommunikationsmarkt kann und wird zu einem "Rosinenpicken"
(cream-skimming) unter den Telekommunikationsanbietern führen. Eine
flächendeckende Versorgung könnte dann wahrscheinlich nicht mehr sichergestellt werden. A priori scheint es für diesen Zielkonflikt keine einfache Lösung zu geben, und einen entsprechenden Kompromiss zu finden,
ist mitunter auch eine politische Aufgabe. Das Öffnen von Telekommunikationsmärkten ist vorsichtig und nur auf der Basis einer explizit
formulierten Telekommunikationspolitik zu betreiben.

Im Zusammenhang mit öffentlichen Leistungsaufträgen muss auch
gesagt werden, dass in den meisten Staaten zum Teil erhebliche Geld-
beträge zwischen den verschiedenen geografischen Regionen und den verschiedenen Telekommunikationsdiensten, bzw. zwischen Post- und Te-
lekommunikationsdepartementen innerhalb der PTT-Betriebe, geflossen
sind und zum Teil auch heute noch fliessen. In der Schweiz betrug die
Quersubventionierung der Post durch die Telecom 1992 z.B. 755 Mio
sFr.

In vielen Staaten wird die Diskussion über die Auswirkungen von
Quersubventionierungen auch dadurch erschwert, dass keine genauen
Zahlen vorliegen; teilweise verfügen nicht einmal die PTT-Betriebe
selbst über detailliertes Zahlenmaterial. Seitens der auf geöffneten

Märkten auftretenden Wettbewerber kann dann leicht die Vermutung aufkommen, dass die PTT-Betriebe mit Erträgen, die sie in Monopolbereichen erwirtschaften, ihre Dienstangebote in Wettbewerbsbereichen mitfinanzieren und dadurch "künstlich" verbilligen. Anzustreben ist deshalb in jedem Fall eine möglichst weitgehende Kostengerechtigkeit und -transparenz.

2.2 Japan

In der Einleitung wurde bereits darauf hingewiesen, dass Japan auf die amerikanischen Entwicklungen frühzeitig reagiert und durch die Aufhebung der Fernmeldemonopole von NTT und KDD seinen Telekommunikationsmarkt 1985 geöffnet hat. Heute werden in Japan sogenannte Typ I- und Typ II-Betreiber unterschieden:

Typ I-Betreiber werden vom Post- und Telekommunikationsministerium zum Aufbau und Betrieb von Telekommunikationsnetzen zugelassen und unterliegen einer strengen Regulierung. Neben NTT und KDD sind noch andere Fernmeldegesellschaften Typ I-Betreiber.

Typ II-Betreiber sind die übrigen Telekommunikationsanbieter, d.h. solche, die über keine eigene Telekommunikationsinfrastruktur verfügen. Sie bieten Dienste auf den Netzen von Typ I-Betreibern an und geniessen hier grosse Freiheiten. Beispielsweise ist ihnen das Anbieten von Telefoniediensten ausdrücklich gestattet.

Schon relativ früh nach der Aufhebung des nationalen Fernmeldemonopols musste sich NTT sowohl tariflich als auch angebotsmässig aggressiv auftretender Konkurrenz erwehren und entsprechende Tarifsenkungen durchführen. Die neuen Typ I- und Typ II-Betreiber entwickelten sich zwar gut, konnten aber NTT nie von seiner anteilsmässigen Vormachtstellung verdrängen. Wie übrigens auch BT, ist NTT trotz Privatisierung und den damit verbundenen Restrukturierungsmassnahmen bis heute rentabel geblieben.

Auf dem internationalen Telekommunikationsmarkt hat sich der Wettbewerb für KDD erst ab 1989 spürbar gemacht. Aufgrund markanter Marktanteilsgewinne von Konkurrenten sah sich dann aber auch KDD gezwungen, seine Tarife zum Teil erheblich zu senken.

NTT und KDD versuchen sich heute durch neue und innovative Dienstangebote auf dem Telekommunikationsmarkt zu behaupten. NTT ist z.b. mit dem Aufbau eines ISDN weit fortgeschritten, während KDD erfolgreich mit ausländischen Partnerfirmen kooperiert. Ein intensiver Wettbewerb hat in der Zwischenzeit auch bei der Mobil- und Satellitenkommunikation eingesetzt.

2.3 EG

Bis 1983 existierte keine explizite EG-Telekommunikationpolitik. Eine solche wurde erst in der Folge zu formulieren und umzusetzen begonnen. Die Bestrebungen sind auch im Zusammenhang mit dem europäischen Binnenmarkt zu sehen; unterschiedliche oder sogar gegenläufige Regelungen sollten in diesem Markt aufgehoben sein. Die Entwicklungen in den USA, in Japan, aber auch im EG-Mitgliedstaat Grossbritannien haben einen nicht zu unterschätzenden Einfluss auf das Handeln innerhalb der EG gehabt.

Die EG hat keine absolute Kompetenz im Fernmeldebereich; die Mitgliedstaaten betreiben zwölf nationale Fernmeldepolitiken. Die EG kann aber Richtlinien erarbeiten, die eine Liberalisierung und Harmonisierung der Telekommunikationsmärkte innerhalb der Gemeinschaft anstreben. Es handelt sich dabei um minimale Zielvorgaben, die die Mitgliedstaaten zu einem bestimmten Zeitpunkt zu erfüllen haben. Dabei können sie auch weitergehende Massnahmen beschliessen.

In der Einleitung wurde bereits darauf hingewiesen, dass die EG-Kommission 1987 ein "Grünbuch über die Entwicklung des gemeinsamen Marktes für Telekommunikationsdienstleistungen und Telekommunikationsgeräte" publiziert und damit den ordnungspolitischen Rahmen für einen gesamteuropäischen Telekommunikationsmarkt abgesteckt hat.

Die EG-Mitgliedstaaten haben aufgrund dieses Grünbuches ihre ordnungspolitischen Rahmenbedingungen überprüft und entsprechende Anpassungen vorgenommen. In den folgenden Abschnitten wird die Situation in Deutschland, Frankreich, Grossbritannien und Italien beschrieben.

2.3.1 Deutschland

In Deutschland legt das Grundgesetz von 1949 die Telekommunikation
in den Zuständigkeitsbereich der Bundesregierung. Sowohl für die Regulierung, als auch für die Beschaffung, den Aufbau und den Betrieb
von Fernmeldenetzen war seither alleine die *Deutsche Bundespost* (DBP)
zuständig gewesen. Vermischt waren dabei hoheitliche und betriebliche
Aufgaben.

1982 wurde die Kompetenz zur Gerätezulassung dem *Zentralamt für
Zulassungen im Fernmeldewesen* (ZZF) übertragen. Das ZZF war eine
von der DBP losgelöste und unabhängige Verwaltungsinstanz im *Bundesministerium für Post und Telekommunikation* (BMPT). Heute ist das
ZZF ein *Bundesamt für Zulassungen in der Telekommunikation* (BZT).

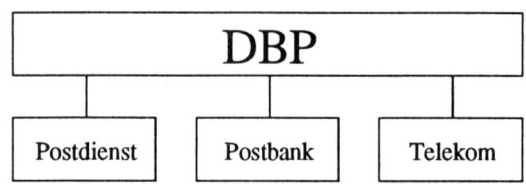

Abbildung 2.1: Bereiche der DBP

1989 wurde ein Postverfassungsgesetz verabschiedet, das die hoheit-
lichen und betrieblichen Aufgaben im Post- und Telekommunikationsbereich auf das BMPT und die DBP aufteilte. Ein Poststrukturgesetz
führte zu einer Aufteilung der DBP in die drei selbständigen Bereiche
Postdienst, Postbank und *Telekom* (vgl. Abbildung 2.1). Gegenwärtig
werden sehr intensiv mögliche Weiterentwicklungen der Postreform diskutiert, bis hin zu einer vollständigen Privatisierung der DBP Telekom.

Bereits in den 80er Jahren war es in Deutschland für private Telekommunikationsanbieter möglich gewesen, in Konkurrenz zur DBP erweiterte Dienste in geschlossenen Benutzergruppen anzubieten. Heute ist neben dem Endgerätemarkt auch der Markt für erweiterte Dienste offen. Die DBP Telekom verfügt lediglich noch über ein Netz- und ein Telefoniemonopol, wobei letzteres auch schon in Frage gestellt wird. Das Angebot von unternehmensweiten Kommunikationsnetzen, die als geschlossene Benutzergruppen in öffentlichen Netzen realisiert sind, ist heute möglich. Im Bereich des Mobilfunks und der Satellitenkommunikation wurde 1990 das Monopol der DBP Telekom zugunsten eines Verfahrens zur Konzessionierung von Privatanbietern abgelöst.

An dieser Stelle sei die Bemerkung erlaubt, dass in Deutschland die Liberalisierung und Öffnung des Telekommunikationsmarktes auch durch die Wiedervereinigung begünstigt worden ist. Die ausserordentlich stark gestiegene Nachfrage nach Telekommunikationsdiensten in den neuen Bundesländern hat auf eine rasche Verfügbarkeit von zusätzlichen Netzkapazitäten gedrängt, und diese Kapazitäten hätten wahrscheinlich von der DBP Telekom alleine innert nützlicher Frist nicht aufgebaut werden können.

2.3.2 Frankreich

In Frankreich begann der eigentliche Aufbau einer modernen und leistungsfähigen Telekommunikationsinfrastruktur erst im Verlaufe der 70er Jahre. Die heutige Situation ist mit der in Deutschland vergleichbar: *France Télécom* verfügt über ein Netz- und Telefoniemonopol und hat dafür auch gemeinwirtschaftliche Leistungen zu erbringen. Der reine Weiterverkauf von Mietleitungen ohne Mehrwert ist untersagt, der Endgerätemarkt liberalisiert, und private Netzbetreiber haben auch hier die Möglichkeit, sich für das Anbieten von Mobilfunkdiensten konzessionieren zu lassen.

Der Markt für Mehrwertdienste ist in Frankreich zwar liberalisiert, doch sind die entsprechenden gesetzlichen Bestimmungen sehr kompliziert. Je nach Art (z.B. Übertragungskapazität) und Grösse (z.B. Zahl der Anschlüsse) eines Mehrwertdienstes ist entweder nur eine Anmeldung oder eine Zulassung beim zuständigen Ministerium erforderlich. An France Télécom direkt konkurrierende Anbieter werden dabei sehr strenge Anforderungen gestellt; es muss z.b. sichergestellt sein, dass das Angebot eines zusätzlichen Dienstes die Erbringung von gemeinwirtschaftlichen Leistungen von France Télécom in keiner Art und Weise gefährden kann. Die Einhaltung von Standards und Empfehlungen kann zudem von staatlicher Seite vorgeschrieben oder erzwungen werden.

2.3.3 Grossbritannien

Grossbritannien hat beim Öffnen von Telekommunikationsmärkten auf europäischer Ebene eine Vorreiterrolle gespielt und diese Rolle bis heute nicht abgegeben. Bereits anfangs der 80er Jahre wurden hier die Post- und Telekommunikationsdepartemente der PTT-Betriebe aufgetrennt; aus letzterem ist *British Telecom* (BT) hervorgegangen.

1984 wurde unter der Regierung Thatcher der Endgerätemarkt liberalisiert und BT privatisiert. Die öffentliche Hand hält heute lediglich noch eine Aktienminderheit an dem auch auf internationaler Ebene erfolgreichen Telekommunikationsanbieter BT.

Im Anschluss an diese ersten Schritte wurde der britische Telekommunikationsmarkt noch weiter geöffnet. Zugelassen wurden unter anderem auch private Anbieter von Mobilfunk- und Funkrufdiensten, sowie private Betreiber von Kabelfernsehnetzen. Den grössten und wohl auch markantesten Schritt vollzog die Regierung aber mit der faktischen Aufhebung des Netzmonopols. So weit ist in Europa bis heute noch kein anderer Staat gegangen. Auch die EG hat in ihrem Grünbuch die Forderung nach einer Aufhebung des Netzmonopols nicht gestellt.

Neben BT wurde mit *Mercury Communications Ltd.* bis heute aber nur ein Netzkonkurrent zugelassen. Rechtlich sind BT und Mercury nicht gleichgestellt. Der hauptsächliche Unterschied betrifft die gemeinwirtschaftlichen Leistungen, die BT zu erbringen hat; man spricht hier von einer "Universal Service Obligation". Die Universal Service Obligation kann aus verständlichen Gründen an einen neu am Markt auftre-

tenden Netzbetreiber nicht gestellt werden. Der grosse Vorsprung von
BT, sowohl was den Ausbaustand seiner Netzinfrastruktur als auch das
Fachwissen und die Erfahrung seiner Mitarbeiter betrifft, soll mit der
Universal Service Obligation gegenüber den Konkurrenten etwas ausge-
glichen werden.

Obwohl sich Mercury bisher erst einen relativ bescheidenen Anteil von nur etwa 10 % auf dem britischen Telekommnikationsmarkt
hat sichern können, konnten bereits erste Wettbewerbseffekte zwischen
den beiden Netzanbietern beobachtet werden. So hat sich das Preis-
Leistungs-Verhältnis von Telekommunikationsdienste für den Benutzer
seither deutlich verbessert. Es gibt aber auch Stimmen, die sagen,
dass BT aufgrund seiner nach wie vor sehr starken Position lediglich
einen Wechsel von einem staatlichen zu einem privaten Monopol vollzogen habe, und dass die markantesten Wettbewerbseffekte noch be-
vorstünden.

Falls erforderlich, kann der Staat über das einflussreiche *Office of
Telecommunications* (OFTEL), das unter anderem auch Höchstpreise für
Telekommunikationsdienste festlegen kann, regulierend in das Marktge-
schehen eingreifen.

2.3.4 Italien

In den 60er Jahren war Italiens Fernmeldewesen auf dem aktuellen Stand
der Technik. In der Folge führte eine ungünstige Tarifpolitik der Regierung dazu, dass zuwenig in die Fernmeldetechnik investiert wurde und
die Netze qualitativ zunehmend in Rückstand gerieten.

1973 wurde ein Dekret verabschiedet, das dem Staat, bzw. dem
Post- und Telekommunikationsministerium, das ausschliessliche Recht
zugestand, Fernmeldedienste zu erbringen. Das Ministerium kann diese
Dienste entweder selbst erbringen, oder es kann eine oder mehrere Gesellschaften für die Diensterbringung konzessionieren. Es wurden bis heute
nur Gesellschaften mit einer Mehrheitsbeteiligung des italienischen Staates konzessioniert.

> Azienda di Stato per i Servizi Telefonici (ASST)
> Società Italiana per l'Esercizio delle Telecommunicatione (SIP)
> Italcabel
> Telespazio

Tabelle 2.1: Netzbetreiber in Italien

Vier staatlich konzessionierte und kontrollierte Gesellschaften geniessen heute in Italien das Recht, Fernmeldenetze aufzubauen und zu betreiben, bzw. Dienste auf diesen Netzen anzubieten (vgl. Tabelle 2.1):
Neben der staatlichen *Azienda di Stato per i Servizi Telefonici* (ASST)
teilen sich die *Società Italiana per l'Esercizio delle Telecommunicatione*
(SIP) und *Italcabel* in den nationalen Telekommunikationsmarkt. *Tele-
spazio* ist für die Satellitenkommunikation zuständig.

Zum Teil herrschen heute Kompetenz- und Koordinationsschwierig-
keiten zwischen diesen Gesellschaften. In jüngster Zeit hat sich auch der
Druck aus Brüssel verstärkt, die Liberalisierung des italienischen Telekommunikationsmarktes in Richtung EG Grünbuch voranzutreiben.

2.4 Schweiz

Seit dem Inkrafttreten des neuen Fernmeldegesetzes (FMG) 1992 liegen
die ordnungspolitischen Rahmenbedingungen in der Schweiz im Rahmen der Forderungen des EG Grünbuches, bzw. den später erlasse-
nen Bestimmungen. Im Vergleich zu den EG-Mitgliedstaaten nimmt
die Schweiz in Bezug auf den Liberalisierungsgrad ihres Telekommunikationsmarktes eine Position im Mittelfeld ein.

Hoheitliche und betriebliche Aufgaben sind nach dem neuen FMG
getrennt. Für erstere wurde ein dem Eidgenössischen Verkehrs- und
Energiewirtschaftsdepartement (EVED) unterstelltes *Bundesamt für
Kommunikation* (BAKOM) geschaffen, das unter anderem auch das
FMG vollzieht. Betriebliche Aufgaben bleiben im Zuständigkeitsbereich der PTT-Betriebe; sie verfügen mit dem neuen FMG noch über
ein Netz- und ein Telefoniemonopol. Dabei wird ein Telefondienst als

"Sprachübermittlung für Dritte über feste oder mobile Teilnehmeranlagen" definiert. Telefoniedienste dürfen demnach – im Gegensatz etwa zu Deutschland — auch im mobilen Bereich nur von der Telecom PTT angeboten werden.

Ausgenommen vom Netzmonopol sind Netze, die der Landesverteidigung dienen, sowie "leitungsgebundene Netze, die ausschliesslich für den Betrieb der Unternehmen des öffentlichen Verkehrs verwendet werden", oder "die ausschliesslich der Sicherheit im Strassenverkehr dienen". Alle anderen Betreiber von Fernmeldenetzen bedürfen einer Konzession und solche Konzessionen können nach dem FMG nur an Gesellschaften erteilt werden, die diese Netze ausschliesslich für den Eigengebrauch nutzen. Das FMG untersagt damit explizit eine Erteilung von Konzessionen an Drittanbieter.

Die schweizerische Telecom PTT stellt sich nicht grundsätzlich gegen weitere Liberalisierungsschritte; sie hat erkannt, dass die von der EG aufgezeigten Schritte sinnvoll sind und nicht ignoriert werden können. So wird die Aufhebung der noch verbleibenden Fernmeldemonopole grundsätzlich befürwortet, wenn gleichzeitig die Abgeltung der Aufgaben, die dem Unternehmen zwar von politischer Seite zugewiesen werden, ihre Kosten aber nicht voll decken, neu geregelt wird. Die Telecom PTT bestreitet sogar, dass ihr das Netzmonopol gegenüber der Konkurrenz grosse Vorteile bringe: Die mit dem Monopol gekoppelten Auflagen zur Erbringung von unrentablen und nicht abgegoltenen Leistungen, sowie die Versorgung von Randregionen, liessen die Vorteile dahinschwinden. So werden denn heute auch weitergehende Möglichkeiten zur Lockerung des Netzmonopols diskutiert. Es besteht z.B. die Absicht, die vorhandenen Netze der Telecom PTT, der Bahnen, der Elektrizitätswerke und der Kabelfernsehgesellschaften besser zu nutzen, ohne dadurch einen wilden Wettbewerb heraufzubeschwören.

Die Öffnung des schweizerischen Telekommunikationsmarktes und der dadurch entstandene Wettbewerbsdruck haben zu einer internen Restrukturierung der PTT-Betriebe geführt. Organisatorisch agieren die Post- und Fernmeldedepartemente heute getrennt. Das Fernmeldedepartement tritt unter der Bezeichnung *Telecom PTT* auf.

Mit ihren neuen Strukturen versuchen die schweizerischen PTT-Betriebe mehr Kundennähe zu erreichen. Insbesondere die Telecom PTT benötigt aber auch einen grösseren unternehmerischen Handlungsspielraum, speziell was die Tarifgestaltung, die Personalpolitik, sowie die Kooperations- und Beteiligungsmöglichkeiten an internationalen Telekommunikationsgesellschaften betrifft. Heute müssen allzu oft noch kosten- und zeitintensive Bewilligungsverfahren durchlaufen werden.

Um den damit verbundenen Schwierigkeiten entgegenzuwirken, wird zurzeit das PTT-Organisationsgesetz revidiert; es soll ein deutlich rascheres und flexibleres Reagieren der Telecom PTT auf spezifische Marktbedürfnisse ermöglichen. Das revidierte PTT-Organisationsgesetz soll noch vor der nächsten Liberalisierungsphase der EG von 1998 realisiert sein. In die Wege geleitet wurde auch eine rechtliche Trennung der Post- und Telekommunikationsdepartemente. Diesen Prozess haben auf internationaler Ebene viele PTT-Betriebe bereits hinter sich.

Kapitel 3

Telekommunikationsdienste

Im regionalen und im überregionalen Bereich haben unternehmensweite Kommunikationsnetze auf öffentlichen Netzen, bzw. auf in öffentlichen Netzen angebotenen Telekommunikationsdiensten, zu basieren. Die von der schweizerischen Telecom PTT angebotenen Telekommunikationsdienste werden in diesem Kapitel beschrieben. Andere Netzbetreiber bieten unter anderen Bezeichnungen wohl ähnliche Dienste an.

Im ersten Unterkapitel wird die Terminologie geklärt. Miet- und Wählleitungen, sowie paketvermittelte Datenübertragungsdienste werden dann in den Unterkapiteln zwei bis vier vorgestellt. Das fünfte Unterkapitel bietet schliesslich einen Ausblick auf zukünftige Technologien, die direkt oder indirekt die Gestaltung von unternehmensweiten Kommunikationsnetzen in den kommenden Jahren beeinflussen werden.

3.1 Terminologie

In einem Fernmeldenetz können sehr verschiedene Telekommunikationsdienste angeboten werden. Häufig werden Grund- und Mehrwertdienste unterschieden (vgl. Tabelle 3.1):

- *Grunddienste* sind reine Übertragungsdienste (bearer services), die den anwendungsneutralen Transport von Sprach-, Daten- oder

Bildinformationen zum Inhalt haben. Beispiele sind Miet- und Wählleitungen, sowie paketvermittelte Datenübertragungsdienste.

Grunddienste	Mehrwertdienste
Mietleitungen	Tele- und Videotex
Wählleitungen	Elektronischer Postverkehr
Paketvermittelte Daten-	Datenbankabfragen
übertragungsdienste	Videokonferenzschaltungen

Tabelle 3.1: Grund- und Mehrwertdienste

• Demgegenüber stellen *Mehrwertdienste* erweiterte Dienste (value-added services, VAS) dar, d.h. Dienste, die einem (oder mehreren) Grunddienst(en) nutzensteigernde Leistungsmerkmale hinzufügen.

Im schweizerischen FMG werden Mehrwertdienste als "Dienstleistungen" definiert, "die auf der Nachrichtenübermittlung aufbauen und die Ergänzung, Speicherung, Veränderung oder eine andere Form der Bearbeitung von Nachrichten, die zur Übermittlung bestimmt sind, zum Gegenstand haben".

Mehrwertdienste leisten eine intelligente Aufbereitung von Informationen für den Benutzer. In den meisten Fällen entfallen nur etwa 15 % der Kosten eines Mehrwertdienstes auf die reine Kommunikation; Mehrwertdienste stellen damit im wesentlichen Dienstleistungen dar und sind auch als solche zu vermarkten.

Beispiele von Mehrwertdiensten sind Tele- und Videotex, elektronischer Postverkehr (electronic mail, E-Mail), Datenbankabfragen und Videokonferenzschaltungen.

In den meisten (europäischen) Staaten werden Grunddienste als Bestandteile der Netzmonopole betrachtet und entsprechend geschützt; Grunddienste dürfen dann nur von den PTT-Betrieben angeboten werden. Anders verhält es sich bei den Mehrwertdiensten; solange sie kein Telefoniemonopol unterlaufen, dürfen sie auch von privater Seite angeboten werden. Im Kampf um die Gunst der Kunden stehen heute viele Anbieter von Mehrwertdiensten in Konkurrenz zueinander. Aufgrund des ungenügenden Angebots und den ungeeigneten Tarifstrukturen der öffentlichen Wählleitungsnetze, haben sie zum Teil auf der Basis von internationaler Mietleitungen eigene Netze realisiert.

Die auf den ersten Blick als einleuchtend und klar erscheinende Unterteilung in Grund- und Mehrwertdienste ist nicht unproblematisch. Sie erfordert — insbesondere was die Sprachübertragung betrifft — noch einiges an juristischer Präzisierungsarbeit. So stellt sich z.b. die Frage, ob eine verschlüsselte Sprachübertragung bereits einen Mehrwert darstellt. Bejaht man diese Frage, dann könnte man auf die Idee kommen, Sprachsignale für die Übertragung zu chiffrieren, nur um die Sprachübertragung als Mehrwertdienst auszuweisen und entsprechend auf dem Markt anbieten zu können. Es sei hier nur am Rande vermerkt, dass diese seltsam anmutende Argumentationsweise von verschiedenen Telekommunikationsanbietern auch wirklich benutzt wird, um ihr Auftreten in dieser rechtlichen Grauzone zu legitimieren.

Geht man von der Annahme aus, dass Grunddienste nur von den PTT-Betrieben und Mehrwertdienste auch von Dritten angeboten werden können, dann liefert die Unterteilung in Grund- und Mehrwertdienste nicht mehr als eine Unterteilung in Dienste, die in ein Fernmeldemonopol fallen (*Monopoldienste*), und Dienste, die in kein solches Monopol fallen (*Wettbewerbsdienste*). Die Frage, ob es sich bei einem Dienst um einen Grund- oder um einen Mehrwertdienst handelt, ist im Prinzip unabhängig von der zugrunde liegenden Technologie und muss für jeden Dienst einzeln gestellt und beantwortet werden.

Die Erkenntnis, dass sich die Unterteilung in Grund- und Mehrwertdienste zur Unterscheidung von Monopol- und Wettbewerbsdiensten nicht besonders gut eignet, hat sich auch innerhalb der EG durchgesetzt. Im Grünbuch der EG wird denn auch nicht zwischen Grund- und Mehrwertdiensten unterschieden, sondern nur von *reservierten Diensten* (reserved services) und *Wettbewerbsdiensten* gesprochen. Dabei sind reservierte Dienste als Monopoldienste zu verstehen und weiterhin zu regulieren. Es handelt sich dabei vor allem um Sprachübertragungs- und Telefoniedienste. Im Unterschied zu reservierten Diensten können Wettbewerbsdienste auch von Dritten angeboten werden.

Natürlich löst auch die Aufteilung in reservierte Dienste und Wettbewerbsdienste nicht alle Abgrenzungsprobleme; auch diese Aufteilung
muss periodisch überprüft und allenfalls veränderten Rahmenbedingungen angepasst werden. 1993 haben sich z.b. die Telekommunikati-
onsminister der EG-Mitgliedstaaten darauf geeinigt, bis 1998 auch die
Sprachübertragung als Wettbewerbsdienst zuzulassen. Dieser Libera-
lisierungsschritt macht auch Sinn, wenn man bedenkt, dass die Unterscheidung zwischen Sprach- und Datenübertragungen im Zuge einer
fortschreitenden Digitalisierung der Netze sowieso fragwürdig erscheint.
Schon heute dürfte es für die zuständigen Behörden nicht einfach sein,
die Einhaltung der gesetzlichen Bestimmungen zu überprüfen. Zuweilen
können sogar die Anbieter von Telekommunikationsdiensten nicht sagen,
ob sie eigentlich Sprach-, Daten- oder Bildsignale übertragen.

In den folgenden Unterkapiteln werden die von der schweizerischen
Telecom PTT angebotenen Miet- und Wählleitungen, sowie paketvermittelte Datenübertragungsdienste vorgestellt. Dabei wird auf die Tarifstrukturen der Dienste nur am Rande eingegangen; sie sind zu schnellen Änderungen unterworfen, als dass sich eine ausführlichere Diskussion
hier aufdrängen und lohnen würde. Wenigstens soll aber gezeigt werden,
von welchen Kostenkomponenten und -parametern sich die Gesamtkosten eines Dienstes zusammensetzen. *Kostenkomponenten* stellen die
Summanden der Gesamtkosten dar; sie errechnen sich aus den *Kostenparametern*.

Abbildung 3.1 zeigt, wie sich die Gesamtkosten eines Dienstes aus
den Komponenten Installationskosten, Abonnements- und Verkehrsgebühren zusammensetzen. Dabei handelt es sich bei den *Istallationsko-
sten* um Kosten für Ausrüstung und Istallation, sowie allenfalls um ein-
malige Anschlussgebühren. Abonnements- und Verkehrsgebühren sind
zu entrichten, wenn ein Dienst benutzt wird. Während eine *Abonne-
mentsgebühr* in der Regel konstant ist, richtet sich die Höhe der *Ver-
kehrsgebühr* nach dem Nutzungsgrad des Dienstes.

Installationskosten, Abonnements- und Verkehrsgebühren sind zum
Teil von unterschiedlichen Kostenparametern abhängig. Auf die relevanten Parameter wird noch eingegangen. Für eine ausführlichere Betrach-

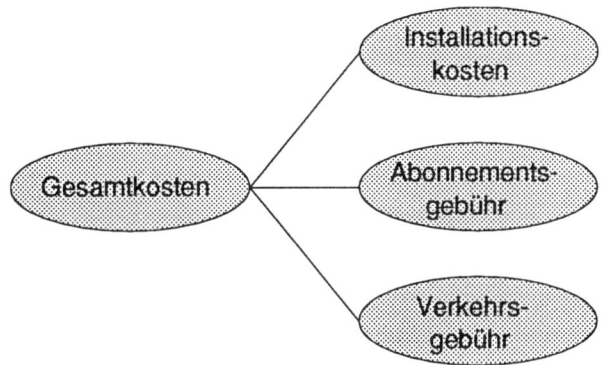

Abbildung 3.1: Kostenkomponenten

tung der Tarifstrukturen sei auf [Web93] verwiesen; aus dieser Arbeit stammen auch die Abbildungen 3.1, 3.2, 3.3 und 3.6.

3.2 Mietleitungen

Als *Mietleitungen* (leased lines) werden Punkt-zu-Punkt- oder Mehrpunktleitungen bezeichnet, die von einem Netzbetreiber im Abonnement abgegeben und einem oder mehreren Dienstbenutzern zur Verfügung gestellt werden. Leitungen, die nicht über öffentlichen Grund und Boden führen, bzw. nicht direkt an die Telekommunikationsinfrastruktur der Telecom PTT angeschlossen sind, werden nicht als Mietleitungen bezeichnet.

Bis 1992 war in der Schweiz die Sprach-, Daten- und Bildübertragung für Dritte auf Mietleitungen nicht zulässig und wurde nur in Ausnahmefällen bewilligt. Mit dem Inkrafttreten des neuen FMG ist auf Mietleitungen nur noch die Sprachübertragung für Dritte nicht zulässig geblieben. Auf die Bestrebungen der EG, diese Sonderregelung für die Sprachübertragung aufzuheben, wurde bereits hingewiesen; sie wird sich längerfristig wohl auch in der Schweiz nicht halten können.

Je nachdem, ob Mietleitungen zur Analog- oder Digitalübertragung ausgelegt sind, werden *analoge* und *digitale Mietleitungen* unterschieden. Breitbandübertragungen erfordern in jedem Fall den Einsatz von digitalen Mietleitungen.

Bei allen Mietleitungen fallen Fehlererkennung und -korrektur in die Zuständigkeits- und Verantwortungsbereiche der Dienstbenutzer. Für digitale Mietleitungen überwachen entsprechende Mietleitungskontrollzentren lediglich die fehlerbehafteten und stark gestörten Sekunden, bzw. die Minuten verminderter Qualität [Zbi91]:

- *Fehlerbehaftete Sekunden* (errored seconds) sind Übertragungssekunden, die mindestens einen Bitfehler enthalten.

- *Stark gestörte Sekunden* (severely errored seconds) sind Übertragungssekunden mit Bitfehlerraten von mehr als 10^{-3}.

- *Minuten verminderter Qualität* (degraded minutes) sind Übertragungsminuten mit Bitfehlerraten von mehr als 10^{-6}.

In der CCITT-Empfehlung G.821 sind für nationale, europäische und internationale digitale Mietleitungen, sowie für Bitraten kleiner als 48 kbps, zwischen 48 und 128 kbps, und für Bitraten grösser als 128 kbps Grenzwerte für fehlerbehaftete und stark gestörte Sekunden, bzw. für Minuten verminderter Qualität spezifiziert.

Mietleitung	Verfügbarkeit	Ausfallszeit
national	99.9 %	8.76
europäisch	99.2 %	43.8
international	99.0 %	87.6

Tabelle 3.2: Verfügbarkeit von Mietleitungen

Eine Mietleitung wird ab der ersten von 10 aufeinanderfolgenden stark gestörten Sekunden als nicht verfügbar betrachtet. Sie gilt als wieder verfügbar ab der ersten von 10 aufeinanderfolgenden nicht stark

gestörten Sekunden. Tabelle 3.2 zeigt die Verfügbarkeitswerte von nationalen, europäischen und internationalen Mietleitungen. Die Ausfallszei-
ten sind in Stunden pro Jahr angegeben. Als Mass für die Wiederherstel-
lung der Verfügbarkeit wird für Mietleitungen von der schweizerischen
Telecom PTT eine Interventionszeit garantiert. Offenbar sagt eine Interventionszeit nichts darüber aus, wie lange Reparaturarbeiten effektiv
dauern.

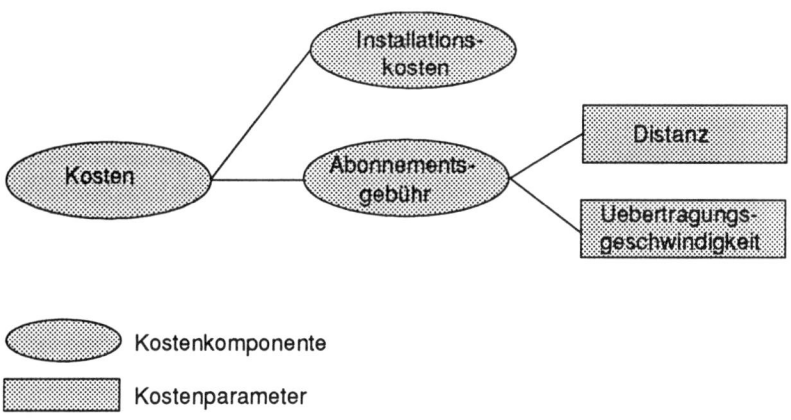

Abbildung 3.2: Tarifstruktur von Mietleitungen

Abbildung 3.2 zeigt die Tarifstruktur der von der schweizerischen
Telecom PTT angebotenen Mietleitungen. Demnach setzen sich die
Kosten einer Mietleitung aus Installationskosten und Abonnementsgebühren zusammen. Die Installationskosten stellen Konstanten dar,
während die Abonnementsgebühren sowohl von der Distanz zwischen
den Leitungsabschlüssen als auch von der gewählten Übertragungsgeschwindigkeit abhängen. Die Gewichtung dieser Parameter wird zuweilen auch politisch entschieden. So haben die Telecom PTT z.B. im Sep-
tember 1993 die Tarife für nationale und internationale Mietleitungen
gesenkt und im Gegenzug die Tarife im Kurzstreckenbereich angehoben.
Unternehmen, die viele lokale und regionale Mietleitungen im Einsatz
haben, sind von dieser Tarifrunde natürlich sehr direkt betroffen gewesen; entsprechend unzufrieden haben sie auch reagiert.

3.3 Wählleitungen

Mietleitungen stehen permanent zur Verfügung und verursachen daher auch Kosten, wenn sie gar nicht benutzt werden. Geographisch abgelegene Knoten und Anschlüsse mit geringen Verkehrsaufkommen werden aus wirtschaftlichen Gründen wohl eher über *Wählleitungen* (circuit-switched lines) an unternehmensweite Kommunikationsnetze angeschlossen. Eine Wählleitung lässt sich als temporäre Verbindung aufbauen, während der Übertragung unterhalten und nach der Übertragung wieder auflösen.

Wählleitungen werden im *öffentlichen Fernsprechnetz* (public switched telephone network, PSTN) und im *dienstintegrierten digitalen Netz* (integrated services digital network, ISDN) angeboten. Für spezielle Anwendungen bietet die schweizerische Telecom PTT unter der Bezeichnung *Megacom* auch breitbandige Wählleitungen an.

Abbildung 3.3 zeigt die für Wählleitungen geltende Tarifstruktur. Die Kosten einer Wählleitung setzen sich demnach zusammen aus Installationskosten, Abonnements- und Verkehrsgebühren. Wiederum sind die Installationskosten konstant. Die Abonnementsgebühren entsprechen im wesentlichen den Anschlussgebühren, und die Verkehrsgebühren hängen ab von der Distanz, der Anzahl Transaktionen, der Übertragungsdauer und dem Zeitmodus (Normal- oder Niedertarif).

3.3.1 PSTN

Die schweizerische Telecom PTT bietet im PSTN verschiedene Dienste an (vgl. Tabelle 3.3): *Telefonie-* und *Telefax*-Dienste für die Sprach- und Standbildübertragung, bzw. *Datel* für die Datenübertragung.

Telefonie	Sprachübertragung
Telefax	Standbildübertragung
Datel	Datenübertragung

Tabelle 3.3: Dienste im PSTN

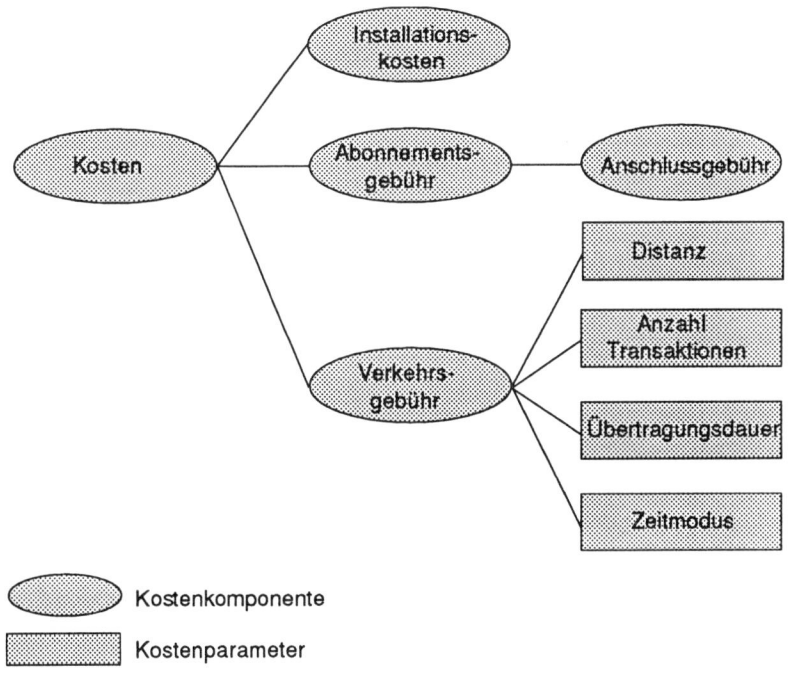

Abbildung 3.3: Tarifstruktur von Wählleitungen

Weil das PSTN ursprünglich für die analoge Übertragung von Sprachsignalen zwischen 300 und 3'400 Hz ausgelegt worden ist, sind Digitalsignale vor und nach ihrer Übertragung mit Datel in dieses Sprachband zu modulieren, bzw. zu demodulieren. Diese Funktionen werden von einem *Modem* (Modulator-Demodulator) geleistet.

Modems sind als Tisch- oder Taschengeräte, als Einbaukarten oder in einer für den Gestellbau geeigneten Bauform erhältlich. Für Notebooks sind kreditkartengrosse Modems verfügbar. Grosse Verbreitung geniessen heute CCITT V.32- und V.32bis-Modems, die Daten mit 9'600 und 14'400 bps im Duplex-Betrieb übertragen können. Unter dem Arbeitstitel V.Fast wird zurzeit ein Standard ausgearbeitet, der die Übertragungsgeschwindigkeit im PSTN gegenüber V.32bis noch einmal verdoppeln soll. Obwohl V.Fast definitiv noch nicht verabschiedet ist, spricht man bereits heute von V.Fast-Produkten. Wird in der Werbung manchmal von "effektiven Übertragungsraten" von 57'600 bps und mehr gesprochen, dann beziehen sich diese Angaben auf den kombinierten Einsatz von Datenkompressionsverfahren.

Ein *Akustikkoppler* ist ein Modem, bei dem die Kopplung an das PSTN akustisch über ein Mikrofon und die Hörkapsel des Telefonhörers erfolgt. Diese Kopplung neigt naturgemäss zu leichten Signalverzerrungen und ist mit einer Einbusse an Übertragungsqualität und -kapazität verbunden. Akustikkoppler werden heute fast nur noch im Aussendienst eingesetzt.

Die Verbindungsaufbauzeit ist im PSTN dienstunabhängig und für Telefonie, Telefax und Datel die gleiche; sie liegt im Sekundenbereich. Die analoge Datenübertragung im PSTN ist mit einer relativ hohen Bitfehlerwahrscheinlichkeit von 10^{-6} behaftet. Für wichtige Daten drängen sich deshalb fehlererkennende und -korrigierende Übertragungsprotokolle auf. Die Verfügbarkeit des PSTN darf auf internationaler Ebene als sehr gut bezeichnet werden.

Datel eignet sich insbesondere für die Übertragung kleiner, sporadisch anfallender Datenmengen, wenn keine hohen Anforderungen an eine schnelle und fehlerfreie Übertragung gestellt werden. Hauptvorteile sind die geringen Kosten und die Tatsache, dass ein PSTN-Anschluss auch für andere Zwecke benutzt werden kann.

3.3.2 ISDN

Die hauptsächlichen Qualitäts- und Leistungsbegrenzungen des PSTN beziehen sich auf die analoge Übertraguns- und Vermittlungstechnik. Wesentliche Verbesserungen bietet hier das ISDN. So ermöglicht das im ISDN eingesetzte CCITT-Signalisierungssystem Nr. 7 z.B. eine im Vergleich zum PSTN deutlich schnellere Verbindungsaufbauzeit von 1 bis 3 Sekunden. Die Digitalübertragung im ISDN ist mit einer Bitfehlerwahrscheinlichkeit von 10^{-8} behaftet, und damit um zwei Zehnerpotenzen besser als die Analogübertragung im PSTN.

In der Schweiz wird der Aufbau eines nationalen ISDN als *Swissnet* in vier Phasen vorangetrieben [BM91]:

- *Swissnet 1* basiert auf der Telekommunikationsinfrastruktur des PSTN und ist als 64 kbps-Übertragungsdienst bereits seit 1989 im operativen Betrieb.

- Erst *Swissnet 2* entspricht seit 1992 einem "echten" ISDN. Swissnet 2 bietet Zugang sowohl zum internationalen PSTN als auch zum europäischen und internationalen ISDN. Ein Gateway leistet den Übergang zu verschiedenen öffentlichen Paketvermittlungsnetzen. 26 Netzbetreiber aus 20 europäischen Staaten haben sich in einem "Memorandum of Understanding" darauf geeinigt, ihre nationalen Netze bis 1994 zu einem einheitlichen Euro-ISDN zusammenzuführen. Angestrebt wird ein harmonisiertes ISDN, in dem sich alle Leistungsmerkmale europaweit nutzen lassen. Bis 1995 sollen in der Schweiz Swissnet 2-Anschlüsse zu 90 % flächendeckend zur Verfügung stehen.

- Zu diesem Zeitpunkt soll mit *Swissnet 3* auch der paketvermittelte Datenübertragungsdienst Telepac integriert sein.

- Ziel der schweizerischen Telecom PTT ist die Einführung eines *Breitband-ISDN* (broadband-ISDN, B-ISDN) als *Swissnet 4* noch vor der Jahrtausendwende.

In den folgenden Unterabschnitten werden die Referenzpunkte an den ISDN-Schnittstellen, die Basis- und Primärmultiplexanschlüsse, sowie die im ISDN verfügbaren Leistungsmerkmale beschrieben.

3.3.2.1 Referenzpunkte

Abbildung 3.4 zeigt die an den verschiedenen ISDN-Schnittstellen definierten *Referenzpunkte* U, T, S und R. *Netzabschlüsse* (network terminations, NT) trennen öffentliche und private Zuständigkeitsbereiche im ISDN. Als NT2 lassen sich digitale Teilnehmervermittlungsanlagen,

Computersysteme und lokale Netze direkt am Referenzpunkt T anschliessen. ISDN-fähige *Endgeräte* (terminal equipments) können als TE1 direkt am Referenzpunkt S, nicht ISDN-fähige Endgeräte als TE2 über einen zusätzlichen *Terminaladapter* (terminal adapter, TA) am Referenzpunkt R angeschlossen werden.

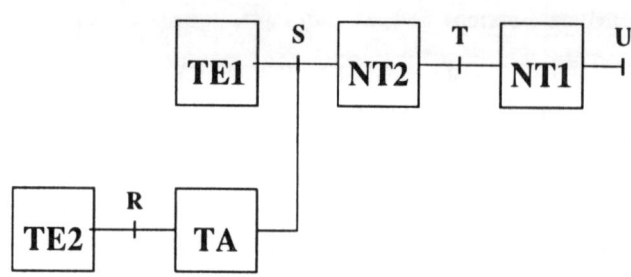

Abbildung 3.4: Referenzpunkte für ISDN-Schnittstellen

3.3.2.2 Basis- und Primärmultiplexanschlüsse

Für den Referenzpunkt S hat das CCITT Basis- und Primärmultiplexanschlüsse definiert:

- Ein *Basisanschluss* (BA) umfasst zwei Nutzkanäle (*B*- oder *Basiskanäle*) zu je 64 kbps und einen Signalisierungskanal (*D-Kanal*) zu 16 kbps. Die leitungsvermittelten B-Kanäle können unabhängig voneinander auch gleichzeitig benutzt werden. Die Zeichengabe auf dem D-Kanal folgt dem paketvermittelten CCITT-Signalisierungssystem Nr. 7. Insgesamt errechnet sich für einen Basisanschluss eine Nettobitrate von $2 \cdot 64 + 16$ kbps $= 144$ kbps.

- Ein *Primärmultiplexanschluss* (PMXA) umfasst 30 (in USA und Japan 23) B-Kanäle zu je 64 kbps und einen D-Kanal der gleichen Kapazität. Primärmultiplexanschlüsse eignen sich in erster Linie für den Anschluss von Teilnehmervermittlungsanlagen und lokalen Netzen.

Jede ISDN-Rufnummer bezieht sich auf einen Referenzpunkt S, d.h. auf einen BA oder PMXA. Für alle daran angeschlossenen Endgeräte gilt grundsätzlich dieselbe Rufnummer. Die Unterscheidung treffen letztendlich die Endgeräte aufgrund einer Dienstekennung. Sind mehrer Endgeräte eines Dienstes an einem Referenzpunkt S angeschlossen, dann kann jedes einzelne Gerät durch die Nachwahl einer *Endgeräteauswahlziffer* (EAZ) angesprochen werden. Über die EAZ 0 werden alle Endgeräte eines Dienstes angesteuert.

3.3.2.3 Leistungsmerkmale

Verschiedene *Leistungsmerkmale* verbessern im ISDN den Bedienungskomfort für den Benutzer. So kann er sich z.B. über den Zustand seines Netzanschlusses, bzw. über den Stand eines Verbindungsaufbauversuches oder über die Gründe eines Abbruches informieren lassen. Gebührenzähler können eingesetzt werden, um auf den Endgeräten laufend Verbindungstaxen anzuzeigen. Zusammen mit Einzelverbindungsnachweisen ermöglichen sie eine Revision von Kommunikationskosten.

Für die Sicherheit von unternehmensweiten Kommunikationsnetzen ist die Anzeige der Rufnummer besonders wichtig. Bei diesem Leistungsmerkmal wird die Anschlussnummer des rufenden Teilnehmers dem angerufenen Teilnehmer angezeigt, so dass dieser verifizieren kann, von welchem Anschluss aus der Verbindungsaufbauversuch kommt. Ist er mit einem gut ausgebauten IuK-System verbunden, dann kann er für das nachfolgende Gespräch relevante Daten abrufen und sich auf einem Bildschirm darstellen lassen. Er wird so effizienter kommunizieren und besser auf die Wünsche seines Verhandlungspartners eingehen können.

Damit ein ISDN-Teilnehmer auch unter fremden Anschlüssen erreichbar bleibt, können Rufe netzseitig umgeleitet werden. Beim sogenannten "Anklopfen" (call waiting) werden Teilnehmer, deren B-Kanäle alle belegt sind, über Verbindungsaufbauversuche von anderen Teilnehmern akustisch und optisch informiert.

Als Teilnehmeranschlussgruppe können mehrere ISDN-Anschlüsse unter einer Stammnummer zusammengefasst werden. Für ankommende

Rufe wählt das Netz dann innerhalb einer Teilnehmeranschlussgruppe selbständig einen Anschluss mit einem freiem B-Kanal aus. Auf Antrag können ISDN-Anschlüsse auch vollständig, bzw. nur für abgehende Rufe gesperrt werden. Diese Sperrung lässt sich auch auf nur bestimmte Nummernbereiche einschränken.

Schliesslich können die Mitglieder einer *geschlossenen Benutzergruppe* (closed user group, CUG) innerhalb eines Dienstes nur miteinander kommunizieren. Teilnehmer, die dieser CUG nicht angehören, können zu ihnen keine oder nur ganz bestimmte Verbindungen aufbauen. Es werden vier Arten von CUGs unterschieden:

1. Die Mitglieder einer CUG *ohne Zugang von und nach aussen* können nur miteinander kommunizieren. Alle Verbindungsaufbauversuche von und nach aussen werden blockiert.

2. Die Mitglieder einer CUG *mit Zugang nach aussen* können entweder zu Mitgliedern derselben CUG oder zu anderen Teilnehmern eine Verbindung aufbauen. Letztere haben dann entweder keiner oder einer CUG mit Zugang von aussen anzugehören.

3. Die Mitglieder einer CUG *mit Zugang von aussen* können entweder von Mitgliedern derselben CUG oder von anderen Teilnehmern Rufe entgegennehmen. Letztere haben dann entweder keiner oder einer CUG mit Zugang nach aussen anzugehören.

4. Die Mitglieder einer CUG *mit Zugang von und nach aussen* können mit Mitgliedern derselben CUG, mit Teilnehmern, die keiner CUG angehören, sowie mit Mitgliedern anderer CUGs mit Zugang von bzw. nach aussen kommunizieren.

Abbildung 3.5 zeigt die vier Arten von CUGs in schematischen Darstellungen. Die Existenz und die Richtung der Pfeile gibt an, ob und in welcher Richtung Verbindungen zwischen den Mitgliedern der CUGs und den externen Teilnehmern aufgebaut werden können.

Ein Basisanschluss oder eine Teilnehmeranschlussgruppe kann pro Dienst jeweils nur einer CUG angehören. Die Möglichkeit, CUGs bilden

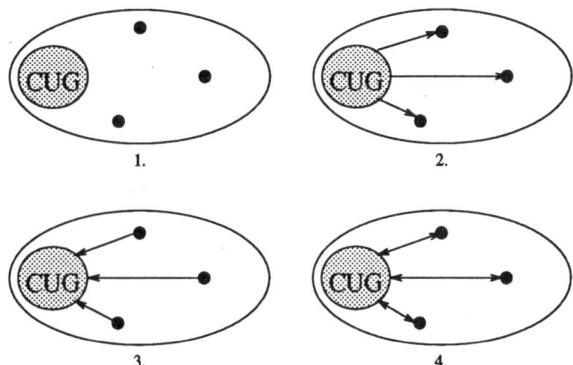

Abbildung 3.5: Geschlossene Benutzergruppen

zu können, ist besonders wichtig für die Sicherheit von Anwendungen, in denen IuK-Systeme selbständig Verbindungen aufbauen oder auf Verbindungsaufbauversuche autonom reagieren können.

Es gibt Leistungsmerkmale, die in den Endgeräten selbst realisiert werden können und für die Dienstgestaltung deshalb keine wesentliche Rolle spielen. Man denke hier etwa an Rufnummernspeicher, die Wahlwiederholungen und Direktwahltasten ermöglichen, oder an eine Anzeige, auf der gerufene Nummern angezeigt werden können.

Natürlich können bestimmte Leistungsmerkmale, wie z.B. der Einzelentgeldnachweis oder die Anzeige der Rufnummer, unter Umständen auch mit dem Datenschutz in Konflikt geraten [Sch91]. Man denke hier etwa an die Anzeige der Rufnummer bei einer anonymen Beratungsstelle. Für solche Anwendungen müssen Möglichkeiten geschaffen werden, Rufnummern auch anonym behandeln zu können. Solche Möglichkeiten sind im ISDN vorgesehen.

3.3.3 Megacom

Bereits seit den frühen 80er Jahren bieten nordamerikanische Telefongesellschaften breitbandige *T1*- und *T3-Leitungen* mit Übertragungskapazitäten von 1.544 und 44.736 Mbps an. Als *Fractional T1* bzw. *T3* werden auch Teilkapazitäten von T1- und T3-Leitungen vermittelt. In den USA basieren viele unternehmensweite Kommunikationsnetze auf T1-Leitungen:

"During the 1980s, T1-based private networks became the workhorse of corporate backbones. Users found that they could save vast amounts of money by implementing these networks" [Tay92].

Es wurde bereits darauf hingewiesen, dass in Europa ein ISDN-Primärmultiplexanschluss 30 B-Kanäle umfasst. Entsprechend bedeutungslos sind hier T1-Leitungen. Europäische Telefongesellschaften bieten stattdessen *E1-Leitungen* mit Übertragungskapazitäten von 2.048 Mbps an.

Auf einer E1-Leitung können 32 64 kbps-Kanäle realisiert werden. Der Benutzer kann diese 32 Kanäle entweder selbst belegen und simultan nutzen (CCITT G.703), oder er kann die Kanäle 0 und 16 für netzinterne Synchronisations- und Überwachungszwecke, bzw. für die Signalisierung reservieren und sich auf 30 Nutzkanäle beschränken (CCITT G.704). Im zweiten Fall ergibt sich eine effektive Übertragungskapazität von 1'920 kbps.

Auch die schweizerischen PTT-Betriebe bieten unter der Dienstbezeichnung *Megacom* E1-Leitungen an. Übertragungskapzitäten zwischen 64 und 1'920 kbps sind hier möglich. Allerdings ist Megacom nur als Übergangslösung bis zur Inbetriebnahme von Swissnet 4 zu sehen.

3.4 Paketvermittelte Datenübertragung

In einem paketvermittelten Netz werden die zu übertragenden Nachrichten in Pakete aufgeteilt und einzeln durch das Netz geschleust. Für den Zugang zu paketvermittelten Netzen haben sich auf internationaler Ebene die CCITT-Empfehlungen der X.25-Serie durchgesetzt. Dies gilt sowohl im privaten als auch im öffentlichen Bereich. Öffentliche paketvermittelte Datennetze werden in der Literatur auch etwa als *Public Data Networks* (PDNs) bezeichnet.

Die schweizerische Telecom PTT betreibt ein PDN, auf dem sie mit *Telepac* einen paketvermittelten Datenübertragungsdienst anbietet. Der Zugang zu Telepac kann direkt oder indirekt erfolgen:

- Beim *direkten Zugang* ist der Teilnehmer mit einer Telepac-Zentrale verbunden. Die Verbindung kann paket- oder zeichenorientiert sein:

  - Bei einer paketorientierten Verbindung (CCITT X.25) hat der Teilnehmer die zu übertragenden Zeichen in Pakete einzubinden und so an die Telepac-Zentrale zu übertragen.
  - Bei einer zeichenorientierten Verbindung (CCITT X.28) hat der Teilnehmer die einzelnen Zeichen an die Telepac-Zentrale zu übertragen. Diese Zeichen werden erst in der Telepac-Zentrale von einem *Packet Assembler/Disassembler* (PAD) in Pakete eingebunden.

- Beim *indirekten Zugang* (CCITT X.32) hat der Teilnehmer über das PSTN eine Verbindung zu einer Telepac-Zentrale aufzubauen und — wie beim zeichenorientierten Direktanschluss — die Zeichen einzeln an diese Zentrale zu übertragen. Hier werden sie vom PAD in Pakete eingebunden.

In einem paketvermittelten Datenübertragungsnetz können verbindungslose und verbindungsorientierte Übertragungsdienste angeboten werden:

- Bei einem *verbindungslosen* Datenübertragungsdienst werden Nachrichten in *Datagramme* aufgeteilt. Jedes Datagramm enthält die vollständige Sender- und Empfängeradresse und wird einzeln durchs Netz geschleust.

- Telepac ist ein *verbindungsorientierter* Datenübertragungsdienst, d.h. bei jedem Anruf wird eine *virtuelle Verbindung* (virtual circuit, VC) aufgebaut, unterhalten und nach der Datenübertragung wieder abgebaut. Eine solche virtuelle Verbindung heisst *geschaltet* (switched virtual circuit, SVC). Bis 255 Verbindungen lassen sich als logische Kanäle von einem Telepac-Anschluss aus schalten. Die Verbindungsaufbauzeit liegt dabei unter einer halben Sekunde. Eine *permanent virtuelle Verbindung* (permanent virtual circuit, PVC) wird permanent aufrechterhalten, setzt aber ein Abonnement voraus und wird nur im nationalen Verkehr angeboten.

Im OSI Referenzmodell für offene Kommunikationssysteme decken X.25-basierte PDNs die Bitübertragungs-, Sicherungs- und Vermittlungsschicht ab. In diese Schichten fallen unter anderem auch die Fehlererkennung und -korrektur, sowie die Möglichkeit zur Schaltung alternativer Wege. Telepac-Teilnehmer dürfen deshalb von einer kleinen Bitfehlerwahrscheinlichkeit und einer relativ hohen Verfügbarkeit ausgehen.

Als Leistungsmerkmale können Telepac-Teilnehmer Paketlängen, Bitraten und Datenflusskontrollparameter variieren, für SVCs nationale CUGs definieren und die Bezahlung von Verbindungskosten durch die angerufenen Teilnehmer veranlassen (reverse charging). Es besteht weiter die Möglichkeit, ankommende Rufe fortlaufend oder nach momentanem Belastungsgrad an verschiedene Teilnehmer weiterzuleiten. Bedingung ist hier, dass alle in einem solchen Sammelanschluss zusammengefassten Teilnehmer an der gleichen Telepac-Zentrale angeschlossen sind. Im Rahmen einer Subadressierung können die drei letzten Stellen einer Telepac-Anschlussnummer auch dazu verwendet werden, einen internen Anschluss zu referenzieren. Damit lassen sich z.B. Applikationen und entsprechende Verarbeitungsprogramme direkt ansprechen. Schliesslich ermöglicht Telepac auch den Zugang zu verschiedenen Mehrwertdiensten, wie Tele- und Videotex, oder E-Mail.

Abbildung 3.6 zeigt die Tarifstruktur von Telepac. Demnach setzen sich die Kosten eines Telepac-Anschlusses aus den Installationskosten, sowie Abonnements- und Verkehrsgebühren zusammen. Wiederum konstant sind die Installationskosten. Die Abonnementsgebühren hängen ab von der Anschlussart und -geschwindigkeit, sowie von der Anzahl logischer Kanäle. Die Verkehrsgebühren setzen sich aus einer

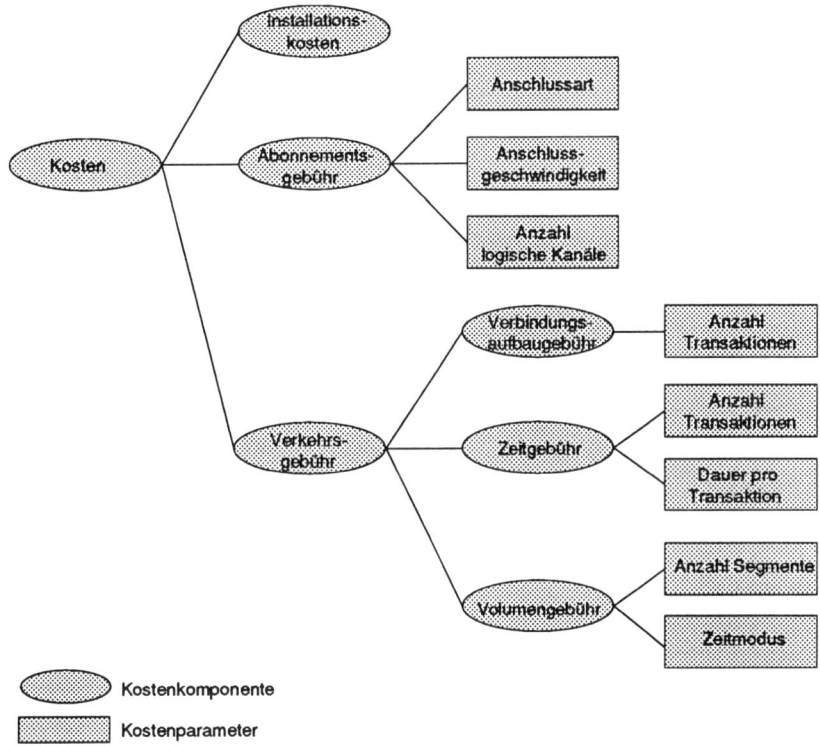

Abbildung 3.6: Tarifstruktur von Telepac

Verbindungsaufbau-, einer Zeit- und einer Volumengebühr zusammen. Die Verbindungsaufbaugebühren hängen ab von der Anzahl getätigter Transaktionen, die Zeitgebühren von der Anzahl getätigter Transaktionen und von der Dauer pro Transaktion, und die Volumengebühren von der Anzahl Segmenten und dem Zeitmodus.

3.5 Ausblick

Unternehmensweite Kommunikationsnetze haben betriebliche Kommunikationsbedürfnisse heute und morgen abzudecken. Entsprechend wichtig ist es, sich ein Bild über zukünftige Technologien und Dienste zu verschaffen.

In den folgenden Abschnitten werden mit virtuell privaten Netzen, der mobilen Kommunikation, intelligenten Netzen und Breitbandnetzen die Bereiche angesprochen, die sich durch überdurchschnittlich hohe Marktzuwachsraten auszeichnen, und die die Gestaltung von unternehmensweiten Kommunikationsnetzen in den kommenden Jahren massgeblich beeinflussen und prägen werden.

3.5.1 Virtuell private Netze

Als *virtuell privates Netz* (virtual private network, VPN) bezeichnet man eine in einem öffentlichen Wählleitungsnetz angebotene geschlossene Benutzergruppe (CUG), die sich durch eine spezielle Tarifierung und eine individuell festlegbare Teilnehmeranschlussnummerierung auszeichnet.

Im Rahmen eines *VPN-Dienstes* werden Kunden individuelle VPN-Lösungen angeboten. Ein VPN-Dienst kann entweder als Dienst in einem intelligenten Netz, in bestehenden Wählleitungsnetzen oder in einem separaten Netz angeboten werden. Die meisten europäischen VPN-Anbieter benutzen dedizierten Netze für die Realisierung ihrer VPN.

1975 führte France Telecom mit *Colisée* den ersten VPN-Dienst ein. In den USA bieten AT&T (Software Defined Network, SDN), MCI (Vnet) und US Sprint (VPN) seit 1985 VPN-Dienste für die Sprachübertragung an [Bri90, BE92]. In Klammern sind die entsprechenden Dienstbezeichnungen angegeben. Fast alle der Top 1'000 US-Firmen und auch viele kleine und mittlere Unternehmen setzen VPN-Dienste ein.

Seit Ende der 80er Jahre sind Bestrebungen im Gange, VPN-Dienste auch auf internationaler Ebene und auch für die Datenübertragung anzubieten. AT&T bezeichnet die entsprechenden Dienste als Global Software Defined Network (Global SDN) und Software Defined Data Network (SDDN).

In unternehmensweiten Kommunikationsnetzen können VPN-Dienste in Ergänzung zu Mietleitungen eingesetzt werden, um geographisch abgelegene Unternehmenseinheiten kostengünstig einzubinden,

um Überkapazitäten in Hauptverkehrszeiten zu übernehmen, oder um
alternative Übertragungswege zu ermöglichen. Längerfristig ist anzunehmen, dass VPN-Dienste Mietleitungen für die Sprachübertragung
verdrängen und für die Daten- und Bildübertragung sinnvoll ergänzen
werden. Allerdings ist aufgrund struktureller Unterschiede auf den Telekommunikationsmärkten in Europa mit einem weniger durchschlagenden
Erfolg für VPN-Dienste zu rechnen als in den USA [DHH92, Kot93].

Im Rahmen von *PNS-X.25* (Private Network Service) bietet auch
die schweizerische Telecom PTT VPN-Verträge auf der Basis von Telepac an [BW91]. In der Einleitung wurde bereits darauf hingewiesen,
dass Telekommunikationsanbieter in zunehmendem Masse Kundennähe
demonstrieren müssen, um sich auf dem internationalen Telekommunikationsmarkt durchsetzen und behaupten zu können. Mit PNS-X.25 hat
die Telecom PTT einen ersten Schritt in diese Richtung getan. Allerdings scheinen die auf nationaler Ebene angebotenen Dienste den gegenüber früher gestiegenen Anforderungen an internationale Kommunikationsmöglichkeiten nur in beschränktem Masse gerecht zu werden.

Um ihr Dienstangebot auch diesbezüglich auszuweiten, haben die
schweizerischen PTT-Betriebe 1989 eine Beteiligung an der internationalen Aktiengesellschaft *Infonet* erworben, und einen Exklusivvertrag zur
Vermarktung der Infonet-Dienste in der Schweiz abgeschlossen [Aeb91].
Auf Infonet und auf die von Infonet angebotenen Dienste wird unter
5.2.2 noch eingegangen. Zudem versuchen die PTT-Betriebe internationale Kooperationsverträge zu schliessen. Ein Beispiel einer internationalen Zusammenarbeit ist die Gesellschaft *Unisource*, die zusammen
mit der schwedischen und der niederländischen PTT-Telecom getragen
wird (vgl. 5.3).

3.5.2 Mobile Kommunikation

Die *mobile Kommunikation* stellt zurzeit das am schnellsten wachsende
Segment innerhalb des Telekommunikationsmarktes dar. Mobile Kommunikationsdienste können in Satelliten- und Mobilfunknetzen angeboten werden:

- *Satellitennetze* werden sowohl für die Übertragung von Ferngesprächen als auch für die Verbreitung von Radio- und Fernsehprogrammen eingesetzt.

- *Mobilfunknetze* ermöglichen Kommunikationsbeziehungen zwischen mobilen Teilnehmern und erfreuen sich sowohl im professionellen als auch im privaten Bereich zunehmender Beliebtheit. Ein Selbständigerwerbender, der über ein grosses Auftragsvolumen verfügt, wird nur selten an einem fixen Standort erreichbar sein. Damit er neue Aufträge überhaupt annehmen kann, muss er jederzeit und überall erreichbar sein. In zeitkritischen Branchen werden Kunden nicht willens sein, ihre Anliegen auf Telefonbeantworter zu sprechen.

  In Skandinavien, wo Mobilfunknetze bereits seit längerer Zeit im Einsatz stehen, werden pro Zeiteinheit heute bereits mehr mobile Anschlüsse installiert als Anschlüsse an das leitungsgebundene PSTN. Auch die von der schweizerischen Telecom PTT angebotenen analogen und digitalen *Mobilfunkdienste Natel C* und *Natel D* verzeichnen ausserordentlich hohe Teilnehmerzuwachsraten.

  Ergänzt werden Mobilfunkdienste um *Funkrufdienste*, die einfache akustisch-optische Signale (*Autoruf*) oder kurze Texte (*Paging*) an die Teilnehmer zu übermitteln in der Lage sind. Funkrufdienste können lokal, regional (*Ortsruf*) oder europaweit angeboten werden (*Eurocall*).

Die mobile Kommunikation prägt zwar bereits heute unsere Arbeits- und Lebensgewohnheiten, sie wird dies aber in Zukunft in noch verstärktem Mass tun. Man denke hier etwa an einen Vertreter, der den grössten Teil seiner Arbeitszeit im Auto verbringt und hier die Zeit für Telefongespräche nutzen kann. In öffentlichen Verkehrsmitteln kann er auf einem portablen Rechner arbeiten und die Resultate seiner Arbeit an die nächstgelegene Zentrale übermitteln. Je mobiler ein solcher Vertreter auftreten und agieren kann, umso effizienter wird seine Arbeit sein.

Die Möglichkeit zur mobilen Kommunikation und zur virtuellen Zusammenschaltung von Teilnehmern wird auch die Organisationsstruk-

turen künftiger Unternehmen prägen. Es ist z.b. denkbar und möglich,
dass sich ein Unternehmen aus Mitarbeitern formiert, die fernmeldetechnisch miteinander verbunden sind und so miteinander kommunizieren
und kooperieren können, ohne dass sie sich physikalisch am selben Ort
aufhalten. Solchen Telearbeitsplätzen und der Möglichkeit zur dynamischen Unternehmensformierung wird eine grosse Zukunft vorausgesagt.

Auch zur fernmeldetechnischen Versorgung von schlecht erschlosse-
nen Regionen bieten sich Satelliten- und Mobilfunknetze an. Nur durch
den Einsatz von mobilen Kommunikationstechniken war z.b. die DBP
Telekom in der Lage, die neuen Bundesländer innert nützlicher Frist zu
erschliessen.

3.5.3 Intelligente Netze

Um den Verwaltungsaufwand für Fernmeldenetze gering zu halten und
die Integration und Anpassung von neuen Diensten zu erleichtern, wurde
von *Bellcore*, dem Forschungszentrum der Regional Bell Holding Companies, ein architektonisches Konzept vorgeschlagen und eingeführt, das
sich in der Zwischenzeit als *Intelligentes Netz* (intelligent networks, IN)
weltweit durchgesetzt und etabliert hat.

Eine IN-Architektur lässt sich grundsätzlich in jedem Fernmeldenetz
realisieren, doch konzentrieren sich die Forschungs- und Entwicklungs-
bemühungen zurzeit auf das PSTN und das ISDN. In der Empfehlung
Q.1201 umschreibt das CCITT den Begriff IN folgendermassen:

"The term Intelligent Network (IN) is used to describe an
architectural concept which is intended to be applicable to
all telecommunications networks. IN aims to ease the intro-
duction of new services based on more flexibility and new
capabilities".

Besondere Vorteile bietet die IN-Architektur bei der Einführung von
neuen Diensten oder bei deren Änderung. Neue Dienste können z.B.
grüne Nummern, Telekiosk, persönliche Nummern, Teledemoskopie oder
Wide Area Centrex sein:

- Über eine *grüne Nummer* (freephone) kann ein potentieller Kunde ein Unternehmen kostenlos anrufen. Das Unternehmen kann dadurch den Kontakt zu seinen Kunden besonders attraktiv gestalten. In der Schweiz beginnen Grüne Nummern mit der Zahl 155 und werden deshalb auch als *155-Nummern* bezeichnet. In den USA sind es die *800-Nummern*.

- Als *Telekiosk* bezeichnet man einen elektronischen Markt, auf dem Informationen angeboten und nachgefragt werden. Der Nachfrager zahlt eine erhöhte Gesprächsgebühr, wobei ein Teil dieser Gebühr dem Informationsanbieter gutgeschrieben wird. In der Schweiz beginnen Telekiosk-Nummern mit den Zahlen 156 bzw. 157 und werden deshalb auch als *156-* bzw. *157-Nummern* bezeichnet. In den USA sind es die *900-Nummern*.

- Wie der Name bereits impliziert, ist die *persönliche Nummer* nicht einem Endgerät sondern einem Benutzer zugeteilt; er bleibt unter seiner persönlichen Nummer weltweit erreichbar.

- Die *Teledemoskopie* ermöglicht Abstimmungen und Meinungsumfragen über das PSTN. Der Teilnehmer gibt seine Meinung durch die Wahl einer bestimmten Nummer bekannt.

- Ein *Wide Area Centrex* bietet im überregionalen Bereich dieselben Funktionen wie eine Teilnehmervermittlungsanlage im lokalen Bereich an.

Will ein Teilnehmer in einem IN auf einen Dienst zugreifen, so läuft sein Wunsch zunächst einmal bei einer *Dienstvermittlungsstelle* (service switching point, SSP) auf. Kann die SSP den Wunsch nicht erfüllen, dann leitet sie die Anforderung an einen *Dienststeuerungspunkt* (service control point, SCP) weiter. Die Kommunikation zwischen SSP und SCP folgt dem CCITT-Zeichengabeverfahren Nr. 7.

Im SCP sind Anwendungen und Daten zusammengelegt, die für die Bereitstellung von Diensten erforderlich sind. Diese Zusammenlegung an ausgewählten Stellen bildet den eigentlichen Kern der IN-Architektur.

Sie ermöglichst eine einfache und schnelle Einführung von neuen Diensten oder eine Änderung von bestehenden Diensten, ohne dass dazu die Software in den SSPs modifiziert werden müsste.

Ein *Dienstverwaltungssystem* (service management system, SMS) ist schliesslich zuständig für die Steurung und Kontrolle des IN, für die Verwaltung der in den SCPs eingesetzten Software, sowie für die Erfassung von statistischen Parametern und gebührenrelevanten Informationen.

In den kommenden Jahren ist mit einer grossen Verbreitung des IN-Ansatzes in öffentlichen Weitverkehrsnetzen zu rechnen. Die DBP Telekom führt zurzeit mit Alcatel/SEL, Northern Telecom und Siemens IN-Pilotversuche in Düsseldorf, Hamburg und Stuttgart durch [BG92]. Im März 1992 wurde der Telekommunikationskonzern Ascom mit der Einführung eines Intelligenten Netzes für die schweizerische Telecom PTT beauftragt.

3.5.4 Breitbandnetze

Im Durchschnitt alle sieben Jahre haben sich die in öffentlichen Netzen angebotenen Übertragungskapazitäten verzehnfacht. Wenn diese Entwicklung anhält, dann ist bis zur Mitte des nächsten Jahrzehnts mit Übertragungskapazitäten im Gbps-Bereich zu rechnen [RS92]. Solche Breitbandnetze lassen sich sinnvoll nur noch mit einer *schnellen Paketvermittlung* (fast packet switching, FPS) betreiben [GG87]: Wenn Leitungen nicht mehr voll ausgelastet werden können, dann ist es wenig sinnvoll, diese permanent zur Verfügung zu stellen; eine flexible Zuteilung von Übertragungskapazitäten, wie dies bei der Paketvermittlung möglich ist, drängt sich auf.

Die Terminologie ist im Bereich der schnellen Paketvermittlung noch nicht gefestigt. Verschiedene Technologien, Standards und Dienste werden unter diesem Begriff zusammengefasst [Cor91, Cav92]. Die Situation ist in Abbildung 3.7 dargestellt. Demnach gibt es im wesentlichen zwei Technologien, die eine schnelle Paketvermittlung ermöglichen: Frame Relay und Cell Relay.

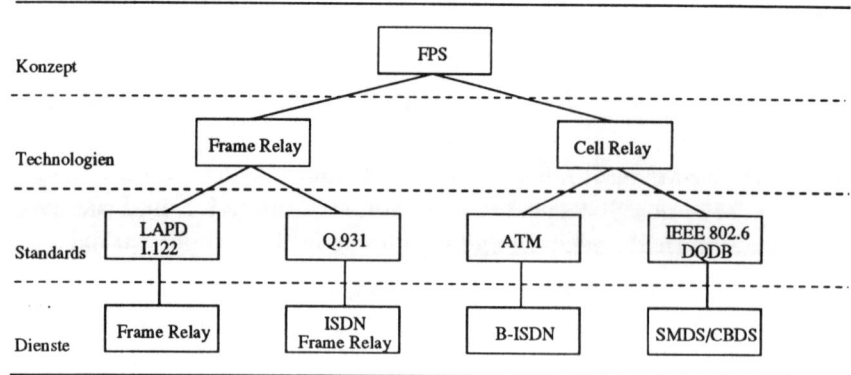

Abbildung 3.7: Schnelle Paketvermittlung

1. *Frame Relay* ist eine FPS-Technologie, die ursprünglich für die
   Paketvermittlung im ISDN entwickelt worden ist und sich heute
   einer grossen Beliebtheit erfreut. In den kommenden Jahren wird
   Frame Relay CCITT X.25 als Standard für PDNs wohl ablösen.

   Wie bei X.25 weisen auch bei Frame Relay die Pakete eine varia-
   ble Länge auf und werden deshalb als *Rahmen* (frames) bezeichnet. Der hauptsächliche Unterschied betrifft die Tatsache, dass bei
   X.25 eine Fehlererkennung und -korrektur zwischen allen Vermitt-
   lungsstellen stattfindet, während bei Frame Relay dies nur noch
   zwischen Sender und Empfänger geschieht. Der dadurch vermin-
   derte Aufwand kommt einer grösseren Übertragungskapazität von
   Frame Relay zugute. Möglich gemacht haben Frame Relay eine
   deutliche Qualitätssteigerung bei der Übertragung und eine Lei-
   stungssteigerung bei den Endgeräten.

   In den USA und Kanada werden auf mit Frame Relay betriebenen Netzen Bitraten zwischen 56 kbps und 45 Mbps erreicht. In Europa hat British Telecom (BT) eine Vorreiterrolle bei
   der Einführung von Frame Relay übernommen; die anderen europäischen Telekommunikationsanbieter befinden sich erst in der
   Planungsphase.

2. *Cell Relay* ist eine FPS-Technologie, die im Unterschied zu Frame
Relay Pakete konstanter Länge überträgt. Diese Pakete werden
als *Zellen* (cells) bezeichnet. Wie aus Abbildung 3.7 hervorgeht,
sind dabei zwei Standards zu unterscheiden:

(a) Das *asynchrone Übermittlungsverfahren* (asynchronous transfer mode, ATM) [Pry91, Bou92] basiert auf 53 Bytes langen
Zellen und ermöglicht eine dynamische Zuteilung von Über-
tragungskanälen und -kapazitäten. ATM soll als internationaler Standard insbesondere im B-ISDN zum Einsatz kommen und die Übertragung von Sprach-, Daten- und Bildsigna-
len in Echtzeit ermöglichen. In Basel baut die schweizerische
Telecom PTT zusammen mit Ascom im Rahmen eines RACE
II-Projekts ein ATM-Versuchsnetz auf, das als Testumgebung
für zukünftige Anwendungen dienen soll [Pot92]. In einem
"Memorandum of Understanding" haben sich die wichtigsten europäischen Telekommunikationsanbieter darauf geeinigt, bis Ende 1995 ein gesamteuropäisches ATM-Versuchsnetz aufzubauen, das ab 1996 auch kommerziell genutzt werden soll. Die Übertragungskapazitäten werden sich zwischen
34 und 155 Mbps bewegen.

(b) Für Breitbandnetze in Ballungszentren hat das IEEE einen
DQDB-Standard (Distributed Queue Dual Bus) 802.6 ver-
abschiedet. IEEE 802.6 gehört zur Familie der IEEE 802-
Standards für lokale Netze, zu der unter anderem auch 802.3
(CSMA/CD), 802.4 (Token Bus), 802.5 (Token Ring) und
802.8 (FDDI) gehören.

DQDB-Netze können mit einem Einsatzradius von bis zu 100
km aufgebaut und als MAN betrieben werden. Sie ermöglichen allen angeschlossenen Stationen einen fairen und kon-
trollierten Netzzugang. Ein doppelter Bus kann als logischer Ring, Stern oder offener Bus organisiert sein und auf
jedem der beiden Busse kann gesendet oder empfangen werden. DQDB-Netze werden typischerweise mit 44.736 Mbps
betrieben.

Bellcore hat auf der Basis des DQDB-Standards einen *Switched Multimegabit Data Service* (SMDS) definiert. Mit dem *Connectionless Broadband Data Service* (CBDS) hat das europäische Standardisierungsintstitut ETSI eine Variante von SMDS übernommen.

Diskutiert werden zurzeit auch Möglichkeiten, die Frame Relay-Technologie über einem mit Cell Relay betriebenen Netz einzusetzen.

Stufe	Bitrate
STM-1	155.520 Mbps
STM-4	622.080 Mbps
STM-16	2'488.320 Mbps

Tabelle 3.4: Synchrone Digitale Hierarchie

Das CCITT hat 1988 in der Empfehlung G.707 eine *Synchrone Digitale Hierarchie* (synchronous digital hierarchy, SDH) normiert. In den USA ist SDH auch unter der Bezeichnung SONET (synchronous optical network) bekannt. Die zu übertragenden Daten werden in sogenannten Containern verpackt und zusammen mit den Steuerinformationen mit einer Bitrate von 155.520 Mbps übertragen. Diese Bitrate entspricht dem *synchronen Transportmodul* STM-1. Wie aus Tabelle 3.4 ersichtlich ist, entsprechen die Transportmodule STM-4 und -16 ganzzahligen Vielfachen von STM-1.

Mittel- bis langfristig darf der Dienstbenutzer von einer weiteren Diversifikation und Verbesserung des Dienstangebotes sowohl auf nationaler als auch auf internationaler Ebene ausgehen. Bewirkt wird diese Diversifikation und Verbesserung der Dienstangebote durch einen Technologiedruck und einen Nachfragesog (vgl. Abbildung 3.8):

- Ein *Technologiedruck* entsteht aus der Tatsache, dass technische Neu- und Weiterentwicklungen im Telekommunikationsbereich oft

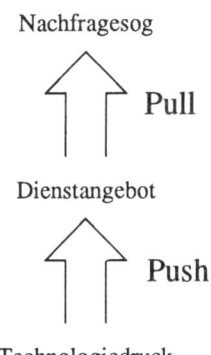

Abbildung 3.8: Technologiedruck und Nachfragesog

mit potentiellen Senkungen von Netzbetriebs- und -unterhalts-
kosten verbunden sind. Die IN-Architektur wurde z.b. gerade
mit dem Ziel entwickelt, den steigenden Verwaltungsaufwand für
Fernmeldenetze in Grenzen zu halten. Widersetzt sich ein Telekommunikationsanbieter diesen Neuentwicklungen, dann vergibt
er Möglichkeiten, in Zukunft kostengünstiger arbeiten und anbieten zu können. Er wird längerfristig nicht konkurrenzfähig bleiben
können. Die Telekommunikationsanbieter sind heute gezwungen,
sich permanent an den laufenden Forschungs- und Entwicklungsarbeiten zu orientieren, bzw. sich sogar aktiv daran zu beteiligen.

• Ein *Nachfragesog* entsteht aus dem Wunsch der Dienstbenutzer, jeweils mit den neusten und leistungsstärksten Technologien versorgt
zu werden. Dieser Wunsch war zwar auch in Zeiten der nationalen Fernmeldemonopole vorhanden, nur hatten die Dienstbenutzer damals keine oder nur sehr beschränkte Möglichkeiten, ihrem
Begehren auch Nachdruck zu verleihen. In der heutigen Wettbe-
werbssituation sind die Telekommunikationsanbieter gezwungen,
sehr sensibel auf die Wünsche ihrer Kunden zu reagieren und mit
entsprechenden Angeboten in Erscheinung zu treten.

Märkte und darin angebotene Produkte können sich immer dann besonders gut entwickeln, wenn sowohl ein Technologiedruck (Push) als auch ein Nachfragesog (Pull) gegeben sind. Diese Situation trifft für die Telekommunikationsmärkte zu und es ist anzunehmen, dass sich Übertragungskapazitäten und -dienste längerfristig zu Konsumgütern entwickeln werden, unter deren Vielfalt der Konsument frei auswählen kann.

Kapitel 4

Netzentwurf

Nachdem in den beiden letzten Kapiteln sowohl die ordnungspolitischen Rahmenbedingungen als auch die für den Aufbau und Betrieb von unternehmensweiten Kommunikationsnetzen zur Verfügung stehenden Telekommunikationsdienste vorgestellt worden sind, befasst sich dieses Kapitel mit einem Rahmenmodell und einer entsprechenden Methode für die Analyse, den Entwurf und die Optimierung von unternehmensweiten Kommunikationsnetzen. Im Hinblick auf den bevorstehenden "Make-or-Buy"-Entscheid wird also in diesem Kapitel zunächst einmal die erste Möglichkeit untersucht. Es stellt sich die Frage, wie ein Unternehmen seine Kommunikationsbedürfnisse analysieren und ein bedürfnisgerechtes Kommunikationsnetz entwerfen und optimieren kann.

Nach einer kurzen Einführung werden im zweiten Unterkapitel das Rahmenmodell und die daraus abgeleitete Methode umrissen. Das Rahmenmodell setzt sich aus sechs Abstraktionsebenen zusammen, von denen für die Analyse, den Entwurf und die Optimierung von unternehmensweiten Kommunikationsnetzen vor allem die oberen vier Abstraktionsebenen relevant sind. Diese Abstraktionsebenen werden denn auch in den Unterkapiteln drei bis sechs ausführlicher beschrieben. Schlussfolgerungen runden das Kapitel ab.

4.1 Einführung

Sowohl die Analyse, als auch der Entwurf und die Optimierung von unternehmensweiten Kommunikationsnetzen stellen komplexe Aufgaben dar, weil sie von vielen betriebsinternen und -externen Einflussgrössen abhängen [Pyl92]. So sind z.b. bereits vorhandene Netzkomponenten und -topologien, sowie bereits eingesetzte Telekommunikationsanwendungen und -dienste, bzw. die damit verbundenen Verkehrsaufkommen, ebenso zu berücksichtigen, wie strategische Vorgaben und Prioritäten.

Weil viele der dabei zu beantwortenden Fragen sowohl informations- und fernmeldetechnischer als auch wirtschaftspolitischer und -strategischer Natur sind, drängen sich interdisziplinäre Ansätze auf. Solche Ansätze fehlen bis heute; Netze werden immer noch ad-hoc entworfen und sind entsprechend selten optimal konfiguriert.

Ein Ansatz, der sich für die Strukturierung und vereinfachte Behandlung von komplexen Aufgaben in verschiedensten Zusammenhängen immer wieder bewährt hat, ist die Bildung von Abstraktionsebenen und die Konzentration von ähnlich gelagerten Fragestellungen und Problemen auf jeweils einer Abstraktionsebene. Ein solcher Ansatz eignet sich auch für die Analyse, den Entwurf und die Optimierung von unternehmensweiten Kommunikationsnetzen. Das im nächsten Unterkapitel eingeführte Rahmenmodell für den Netzentwurf basiert auf sechs Abstraktionsebenen, von denen jedoch nicht alle von gleicher Bedeutung sind.

4.2 Rahmenmodell für den Netzentwurf

Für die Analyse, den Entwurf und die Optimierung von unternehmensweiten Kommunikationsnetzen lassen sich eine *Organisations-*, *Applikations-*, *Verbindungs-*, *Dienst-*, *Netz-* und eine *Leitungsebene* unterscheiden und zu einem *Rahmenmodell für den Netzentwurf* zusammensetzen. Dieses Rahmenmodell ist in Abbildung 4.1 dargestellt.

Eine Methode für den Netzentwurf erhält man aus dem Rahmenmodell, indem man entweder alle oder einen Teil dieser Abstraktionsebenen

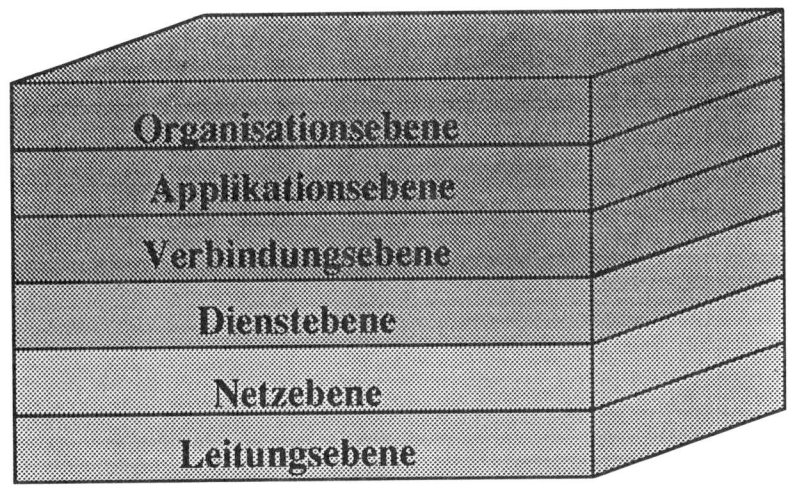

Abbildung 4.1: Rahmenmodell für den Netzentwurf

in der genannten Reihenfolge (von oben nach unten) durchschreitet, und auf jeder Abstraktionsebene die jeweils relevanten Fragen zu beantworten versucht [OWH93, Opp93].

Von besonderer Bedeutung sind dabei die Übergänge zwischen den einzelnen Abstraktionsebenen; sie werden im folgenden als *Abbildungen* bezeichnet und nach den jeweils unteren Abstraktionsebenen benannt. Die Applikationsabbildung leistet dann den Übergang von der Organisations- auf die Applikationsebene, während sich die Dienstabbildung auf den Übergang von der Verbindungs- auf die Dienstebene bezieht. Im folgenden werden die Abstraktionsebenen kurz umrissen:

Organisationsebene: Unternehmen stellen material- und informationsverarbeitende sozio-technische Systeme dar. Im Hinblick auf die Analyse, den Entwurf und die Optimierung von bedürfnisgerechten Kommunikationsnetzen interessieren von diesen Systemen in erster Linie die informationsverarbeitenden und kommunizierenden Komponenten. Diese gilt es im Rahmen eines *Unternehmensmodelles* so zu beschreiben, dass die betrieblichen Kommunika-

tionsbedürfnisse entweder direkt ersichtlich sind, oder mit einfa-
chen Mitteln aus dem Modell abgeleitet werden können. Dabei
setzt sich ein Unternehmensmodell aus Unternehmenseinheiten,
Geschäftsprozessen und Informationsflüssen zusammen. Die Unternehmensmodellierung bezeichnet den Prozess des Erstellens eines Unternehmensmodells.

Applikationsebene: Ein auf der Organisationsebene erstelltes
Unternehmensmodell (bestehend aus Unternehmenseinheiten,
Geschäftsprozessen und Informationsflüssen) ist im Hinblick auf
den Entwurf und die Optimierung eines bedürfnisgerechten Kommunikationsnetzes zu analysieren und auszuwerten. Für jeden Informationsfluss sind dabei in Frage kommende Telekommunikationsanwendungen als *Applikationen* zu bestimmen. Applikationen lassen sich sowohl nach der Art der übertragenen Informationen (Sprach-, Daten- oder Bildübertragungen) als auch nach der
Art der Synchronisation zwischen den kommunizierenden Instan-
zen (synchron oder asynchron) unterscheiden. Alle Applikationen, die von einem Unternehmen eingesetzt werden müssen, um
die im Unternehmensmodell genannten Informationsflüsse abzudecken, werden in einer *Applikationsmatrix* aufgesammelt.

Verbindungsebene: Applikationen spezifizieren betriebliche Kommunikationsbedürfnisse auf einem relativ hohen Abstraktionsni-
veau. Sie eignen sich nicht (oder nur beschränkt) für die nachfolgenden Netzentwurfs- und -optimierungsschritte. Eine technische Spezifikation von betrieblichen Kommunikationsbedürfnissen
in Form von logischen *Verbindungen* drängt sich auf. Diese Spezifikation hat auf der Verbindungsebene zu erfolgen, wobei die Parameter zur Spezifikation von Verbindungen so zu wählen sind, dass
die Kosten der verschiedenen Dienste errechnet werden können.
Auch auf der Verbindungsebene können alle Verbindungen eines
Unternehmens in einer Matrix aufgesammelt werden. In der Literatur wird diese Matrix meist als *Verkehrsmatrix* bezeichnet.
Verfügbare Verkehrsmatrizen informieren aber leider oft nur über
die in bestimmten Zeitintervallen übertragenen Datenvolumina.

Für den Entwurf und die Optimierung von unternehmensweiten
Kommunikationsnetzen sind diese Informationen meist zu unge-
nau. Angaben über die Grösse, Häufigkeit und zeitliche Verteilung
der einzelnen Übertragungen sind hier erforderlich. Eine Verkehrsmatrix, die diese Informationen zu liefern in der Lage ist, wird im
folgenden als *Kommunikationsmatrix* bezeichnet. Ziel der Verbindungsebene ist dann eben die Herleitung einer Kommunikationsmatrix für ein Unternehmen.

Dienstebene: Es wurde bereits mehrfach darauf hingewiesen, dass in
den meisten europäischen Staaten der Aufbau und Betrieb von unternehmensweiten Kommunikationsnetzen nur auf der Basis von
in öffentlichen Netzen angebotenen Telekommunikationsdiensten
möglich ist. Die entsprechenden Dienste sind im letzten Kapitel
ausführlich diskutiert worden. Auf der Dienstebene ist anzugeben,
für welche Verbindungen welche Dienste einzusetzen sind. Dazu
ist im Rahmen einer Dienstabbildung für jede in einer Kommunikationsmatrix spezifizierte Verbindung ein Dienst auszuwählen.
Diese Dienstabbildung ist die eigentlich zentrale Frage beim Entwurf und bei der Optimierung von unternehmensweiten Kommunikationsnetzen. Optimalität kann hier in Bezug auf verschiedene
Kriterien angestrebt werden: Maximale Leistung, Sicherheit oder
Offenheit können ebenso sinnvoll sein, wie minimale Netzbetriebs-
und -unterhaltskosten. Es sind auch Kombinationen von mehreren
oder allen Optimierungskriterien denkbar.

Netzebene: Die für den Aufbau und Betrieb von unternehmensswei-
ten Kommunikationsnetzen zur Verfügung stehenden Telekommunikationsdienste werden in Fernmeldenetzen angeboten. Auf internationaler Ebene gut ausgebaut sind Telexnetze, PSTNs und
PDNs. Öffentliche Netzbetreiber sind zudem stark mit dem Aufbau von ISDNs beschäftigt. Mittelfristig ist durch den Einsatz von
schnellen Paketvermittlungstechniken mit deutlichen Leistungs-
steigerungen in PDNs zu rechnen; längerfristig gehen die Bestrebungen dahin, alle Telekommunikationsdienste in einem integrierten Breitbandnetz gemeinsam anzubieten. Natürlich ist die opti-

male Konfiguration von Fernmeldenetzen ein besonders schwieriges Problem, und die Netzbetreiber werden in jedem Fall versuchen müssen, ihre Fernmeldenetze zu optimieren.

Leitungsebene: Auf der untersten Abstraktionsebene stellt ein Fernmeldenetz einen Leitungsverbund dar, der analoge oder digitale Signalübertragungen zwischen Teilnehmern ermöglicht. Entsprechend setzt sich ein Netz aus Leitungen und Kanälen zusammen. Während einer *Leitung* ein physikalisches Übertragungsmedium permanent oder zeitweise zum ausschliesslichen Gebrauch zur Verfügung steht, haben sich mehrere *Kanäle* in den Gebrauch einer Leitung zu teilen. Als physikalische Übertragungsmedien kommen verdrillte Leitungspaare, Koaxialkabel und Lichtwellenleiter in Frage. Richtstrahl- und Satellitenverbindungen benutzen als Übertragungsmedium den Äther.

Wie in Kapitel zwei ausführlich dargestellt worden ist, fallen in den meisten europäischen Staaten die Netz- und Leitungsebene ganz, sowie die Dienstebene zum Teil in die Fernmeldemonopole der öffentlichen Netzbetreiber. Leitungen, die über Grundstücksgrenzen hinausführen oder die Grundstücke von verschiedenen Personen verbinden, dürfen nur von diesen verlegt, betrieben und vermarktet werden. Auch für die Verteilung von Frequenzen für Richtstrahl- und Satellitenverbindungen sind sie zuständig; geöffnet sind auf der Dienstebene nur die Märkte für Endgeräte und Mehrwertdienste.

Wenn für den Aufbau und Betrieb eines unternehmensweiten Kommunikationsnetzes ein Unternehmen keinen Einfluss auf die Netz- und Leitungsebene und auch nur beschränkten Einfluss auf die Dienstebene nehmen kann, dann drängt sich die Frage auf, wieso diese Abstraktionsebenen in das Rahmenmodell für den Netzentwurf überhaupt aufgenommen worden sind; die Analyse, der Entwurf und die Optimierung von unternehmensweiten Kommunikationsnetzen spielen sich dann auf der Organisations-, Applikations-, Verbindungs- und nur zum Teil auf der Dienstebene ab.

Viele Verfahren zur Netzoptimierung beziehen sich auf die Netz- und Leitungsebene, so dass eine Aufnahme dieser Abstraktionsebenen in das

Rahmenmodell für den Netzentwurf sinnvoll ist. Zudem deutet vieles
darauf hin, dass sich — im Zuge einer fortschreitenden Öffnung der Telekommunikationsmärkte — die Monopolbereiche der öffentlichen Netzbetreiber langfristig nicht werden halten können. Im Hinblick auf eine
mögliche Auflösung oder Lockerung des Netzmonopols ist es dann sinnvoll, Überlegungen auf der Netz- und Leitungsebene bereits heute anzu-
stellen, und die entsprechenden Abstraktionsebenen im Rahmenmodell
für den Netzentwurf vorzusehen und gegebenenfalls auch zu berücksichtigen.

In den folgenden vier Unterkapiteln werden die Organisations-,
Applikations- und Verbindungsebene, sowie die Dienstabbildung näher
betrachtet. Weil mit der Dienstabbildung, d.h. mit dem Übergang
von der Verbindungs- auf die Dienstebene, in den meisten europäischen
Staaten die Analyse, der Entwurf und die Optimierung von unternehmensweiten Kommunikationsnetzen als abgeschlossen betrachtet werden muss, werden die Netz- und Leitungsebene im Rahmen dieses Buches nicht weiter behandelt. Es gibt aber viele Publikationen, die sich
sehr ausführlich mit diesen zwei Abstraktionsebenen auseinandersetzen
[Ker93].

4.3   Organisationsebene

Im Zentrum dieses Unterkapitels steht die Organisationsebene des Rah-
menmodells für den Netzentwurf. In einem einführenden Abschnitt
werden empirische und Modell-basierte Ansätze für die Ermittlung
und Erfassung von betrieblichen Kommunikationsbedürfnissen diskutiert und verglichen. Die strukturierte Analyse wird als etablierter Ansatz zur Systemanalyse und -beschreibung im zweiten Abschnitt eingeführt. Schliesslich wird im dritten Abschnitt ein konkretes Verfahren
für die Unternehmensmodellierung vorgestellt.

4.3.1 Einführung

Für den Entwurf und die Optimierung von unternehmensweiten Kommunikationsnetzen sind sehr genaue Angaben über betriebliche Kommunikationsbedürfnisse erforderlich. Jeder Netzentwurf und jede Netzoptimierung erübrigt sich, wenn über diese Bedürfnisse keine oder nicht hinreichend genaue Aussagen gemacht werden können.

Organisationsebene	Informationsflüsse
Applikationsebene	Telekommunikationsanwendungen
Verbindungsebene	Verbindungen

Tabelle 4.1: Betriebliche Kommunikationsbedürfnisse

Im Rahmenmodell für den Netzentwurf sind betriebliche Kommunikationsbedürfnisse auf der Organisationsebene als Informationsflüsse, auf der Applikationsebene als Telekommunikationsanwendungen und auf der Verbindungsebene als Verbindungen zu spezifizieren (vgl. Tabelle 4.1). Dabei muss es das Ziel einer Netzanalyse sein, die für ein Unternehmen relevanten betrieblichen Kommunikationsbedürfnisse als Verbindungen zu beschreiben und in einer Kommunikationsmatrix zusammenzufassen. Diese Kommunikationsmatrix stellt den Ausgangspunkt für alle weiteren Netzentwurfs- und -optimierungsschritte dar.

In der Praxis reicht die Genauigkeit der verfügbaren Verkehrsmatrizen oft nicht aus, um unternehmensweite Kommunikationsnetze sinnvoll entwerfen und optimieren zu können. In diesen Fällen stellt sich die Frage, ob und wie sich Kommunikationsmatrizen in der gewünschten Genauigkeit überhaupt ermitteln lassen. Grundsätzlich können hier empirische und Modell-basierte Ansätze unterschieden werden:

- Im Rahmen eines *empirischen Ansatzes* werden effektiv übertragene Datenmengen ausgemessen, in die Zukunft extrapoliert und als Verbindungen spezifiziert.

- Im Rahmen eines *Modell-basierten Ansatzes* werden betriebliche Kommunikationsbedürfnisse aus den Informationsflüssen eines Unternehmensmodelles abgeleitet und als Verbindungen spezifiziert.

Beide Ansätze zeichnen sich durch bestimmte Vor- und Nachteile aus. So basieren empirische Ansätze zwar auf effektiv übertragenen Datenmengen und zeichnen sich durch entsprechend hohe Realitätsbezüge aus, doch ist dieser Vorteil auch mit nicht zu unterschätzenden Nachteilen verbunden. Wie sind empirische Ansätze z.b. bei neu zu entwerfenden Kommunikationsnetzen oder bei neu in ein Kommunikationsnetz zu integrierenden Knoten anzuwenden? Ein Rückgriff auf statistische Aufzeichnungen und entsprechende Auswertungen ist zwar möglich, stellt aber zugleich wieder den hohen Realitätsbezug des Ansatzes in Frage.

Ein schwieriges und bisher kaum gelöstes Problem stellt auch die Frage dar, wie sich Datenströme sinnvoll in die Zukunft extrapolieren lassen. Mehr oder weniger komplexe mathematische Modelle sind dazu vorgeschlagen worden und werden laufend weiterentwickelt. Unabhängig von der Komplexität dieser Modelle lassen sich aber Entwicklungen im Telekommunikationsbereich grundsätzlich nur schwer voraussagen. So wurde z.b. für dem Mehrwertdienst Videotex eine Verbreitung vorausgesagt, wie sie bis heute — mit Ausnahme von Frankreich — in keinem Staat auch nur annähernd erreicht worden ist. Auf der anderen Seite hat sich Telefax in einer Art und Weise durchgesetzt, wie sie noch vor zehn Jahren wohl kaum jemand für möglich gehalten hat.

Die Vorteile von Modell-basierten Ansätzen liegen auf der Hand: Auf der Basis von Unternehmensmodellen lassen sich betriebliche Kommunikationsbedürfnisse objektiver und vollständiger ermitteln, als dies mit einem empirischen Ansatz möglich ist. Objektiver ist die Ermittlung von betrieblichen Kommunikationsbedürfnissen aus Unternehmensmodellen, weil die Informationen, die zwischen den Unternehmenseinheiten und Geschäftsprozessen fliessen, in einem Modell informell und losgelöst von technischen Eigenschaften beschrieben werden können. Vollständiger kann die Ermittlung von Kommunikationsbedürfnissen aus Unternehmensmodellen sein, weil als Informationsflüsse auch Kommunikationsbeziehungen berücksichtigt werden können, die fernmeldetechnisch noch gar nicht erschlossen sind. Man denke hier etwa an Papierdokumente, die im Rahmen eines *elekronischen Datenaustausches* (electronic data interchange, EDI) wohl erst in Zukunft durch elektronische Dokumente ersetzt werden.

Ein weiterer Vorteil von Modell-basierten Ansätzen bezieht sich auf die generischen Eigenschaften von Unternehmensstrukturen und Informationsflüssen; diese lassen sich in einem Modell in der Regel besser ausdrücken und ausnutzen als mit einem empirischen Ansatz. Als hauptsächlicher Nachteil von Modell-basierten Ansätzen sei hier aber nicht verschwiegen, dass die Erstellung eines Unternehmensmodelles auch mit einem nicht zu unterschätzenden Aufwand verbunden sein kann, und dass dieser Aufwand nur teilweise dadurch begrenzt werden kann, dass man sich bei der Unternehmensmodellierung auf die Komponenten beschränkt, die für die betriebliche Kommunikation auch wirklich relevant sind.

Mit der Einführung einer Organisations- und Applikationsebene im Rahmenmodell für den Netzentwurf ist der Entscheid für einen Modell-basierten Ansatz bereits vorweggenommen worden. Dabei kann man für die Unternehmensmodellierung entweder auf einen etablierten Ansatz zur Systemanalyse und -beschreibung zurückgreifen oder einen neuen Ansatz entwickeln, der selbst wiederum mehr oder weniger stark von einem etablierten Ansatz abweichen kann.

Im nächsten Abschnitt wird als etablierter Ansatz zur Systemanalyse und -beschreibung die strukturierte Analyse eingeführt. Das im übernächsten Abschnitt beschriebene Verfahren zur Unternehmensmodellierung weicht von der strukturierten Analyse nur partiell ab.

4.3.2 Strukturierte Analyse

Die *strukturierte Analyse* (structured analysis) stellt ein etabliertes Verfahren zur Systemanalyse und -beschreibung dar. Es wurde in den späten 70er Jahren eingeführt und ist seither stetig weiterentwickelt und verfeinert worden [GS78, Wei78, DeM79].

Für verschiedene Aspekte eines Systems werden bei der strukturierten Analyse auch unterschiedliche Beschreibungsmittel eingesetzt: Datenflussdiagramme für Systemfunktionen, E/R-Diagramme für Datenbeziehungen und Zustands-Übergangs-Diagramme für zeitliche Abhängigkeiten.

4.3.2.1 Datenflussdiagramme

Ein *Datenflussdiagramm* (dataflow diagram) setzt sich aus Prozessen, Flüssen, Datenspeichern und Terminatoren zusammen. *Prozesse* (processes) stellen Systemfunktionen dar, die durch *Flüsse* (flows) verbunden sind. Prozesse können Flüsse als Eingaben konsumieren und als Ausgaben generieren. *Datenspeicher* (data stores) stellen logische Datenbanken dar, auf die Prozesse entweder schreibend oder lesend zugreifen können. Schliesslich befinden sich *Terminatoren* (terminators) zwar ausserhalb eines zu beschreibenden Systems, sie sind aber über Flüsse erreichbar.

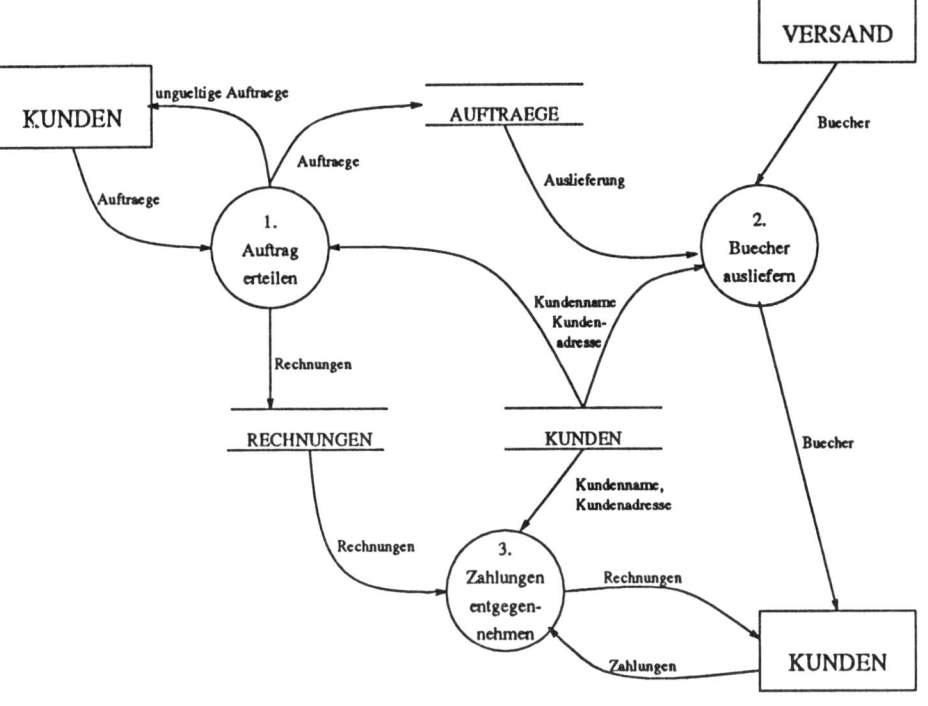

Abbildung 4.2: Datenflussdiagramm

Üblicherweise werden Prozesse als Kreise, Flüsse als gerichtete Verbindungen zwischen Prozessen, Datenspeicher in zwei parallelen Linien und Terminatoren als Rechtecke dargestellt. Abbildung 4.2 zeigt ein Datenflussdiagramm, wie es z.b. für ein kleines Buchhandelsunternehmen zutreffen kann [You89]. Als Systemfunktionen werden Aufträge erteilt, Bücher ausgeliefert und Zahlungen entgegengenommen. Daten treten in Form von Aufträgen, Rechnungen und Kundenstämmen auf. Verschiedene Flüsse sind zwischen diesen Prozessen und Datenspeichern definiert. Als Terminatoren treten sowohl der Versand als auch die Kunden auf. Das Beispiel soll hier nur der Illustration dienen und nicht weiter erläutert werden.

Zu ergänzen sind Datenflussdiagramme um *Prozessspezifikationen* und *Datenverzeichnisse*. Zur Spezifikation von Prozessen können wiederum verschiedene Verfahren zum Einsatz kommen [CKO92]. Entscheidungstabellen, Nassi-Shneiderman, Ferstl- und Hamilton-Zeldin-Diagramme, Klammercode und Pseudo-Programmiersprachen stellen nur einige dieser Verfahren dar. Besondere Verbreitung haben Datenfluss- und Programmablaufspläne nach DIN 66001 gefunden.

4.3.2.2 E/R-Diagramme

Zur Beschreibung der Beziehungen zwischen den in den Datenverzeichnissen der Datenflussdiagramme genannten und im System verarbeiteten Daten können *E/R-Diagramme* (entity-relationship diagrams) eingesetzt werden [Che76]. Ein E/R-Diagramm setzt sich aus *Objekttypen* (object types), *Beziehungen* (relationships) zwischen diesen Objekttypen, sowie Objekttypen und Beziehungen zugeordneten *Attributen* (attributes) zusammen.

Graphisch werden Objekttypen in Rechtecken, Beziehungen in Romben und Attribute in Ellipsen dargestellt. Beziehungen können vom Typ eins-zu-eins (1:1), eins-zu-vielen (1:n) oder viele-zu-vielen (n:m) sein. Natürlich können zwischen zwei Objekttypen auch mehrere Beziehungen existieren.

4.3.2.3 Zustands-Übergangs-Diagramme

Der dritte Aspekt, den es im Rahmen einer strukturierten Analyse zu beschreiben gilt, ist das zeitliche Systemverhalten. Dazu werden *Zustands-Übergangs-Diagramme* (state transition diagrams) eingesetzt. Die verschiedenen *Zustände*, in denen sich das System befinden kann, werden in Rechtecken dargestellt. Jeder Zustand repräsentiert eine Zeitspanne, während der das System ein beobachtbares Verhalten zeigt. Mögliche *Zustandsübergange* (state transitions) werden als Pfeile zwischen diesen Zuständen eingetragen. Jedem Zustandsübergang können ein oder mehrere *Auslösebedingungen* und ein oder mehrere *Aktionen*, die beim Auslösen des Zustandsüberganges auszuführen sind, zugeordnet sein.

Mit Datenfluss-, E/R- und Zustands-Übergangs-Diagrammen lassen sich zwar einzelne Systemaspekte relativ gut und leicht verständlich beschreiben, doch ist die Konsistenz der Beschreibungen a priori nicht gegeben; sie muss extern sichergestellt werden.

4.3.3 Unternehmensmodellierung

Will man die strukturierte Analyse auch für die Unternehmensmodellierung einsetzen, dann stellt man zunächst einmal fest, dass sowohl Datenbeziehungen als auch das zeitliche Systemverhalten nicht oder nur am Rande interessieren. Eine Unternehmensmodellierung wird sich deshalb im wesentlichen auf die Systemfunktionen zu beschränken haben. Dazu lassen sich Datenflussdiagramme in einer vereinfachten Form einsetzen. Prozesse und Flüsse werden übernommen; sie stellen die Geschäftsprozesse und die Informationsflüsse dar. Nicht übernommen werden dagegen Datenspeicher und Terminatoren. In Bezug auf die Datenspeicher gilt es zu beachten, dass Datenspeicher für die Analyse und den Entwurf von unternehmensweiten Kommunikationsnetzen nur insofern von Interesse sind, als sie asynchrone Kommunikationsbeziehungen zwischen Geschäftsprozessen ermöglichen. Dies lässt sich aber auch dadurch erreichen, dass asynchrone Informationsflüsse explizt zugelassen werden. Auch die Angabe von Terminatoren ist in Unternehmensmodellen nicht notwendig, weil Geschäftsprozesse in einem Unternehmensnetz entweder

mit Informationen zu versorgen sind, oder nicht. Wenn sie mit Informationen zu versorgen sind, dann sind die entsprechenden Informationsflüsse als Bestandteile des Systems zu betrachten und zusammen mit
den Geschäftsprozessen zu modellieren.

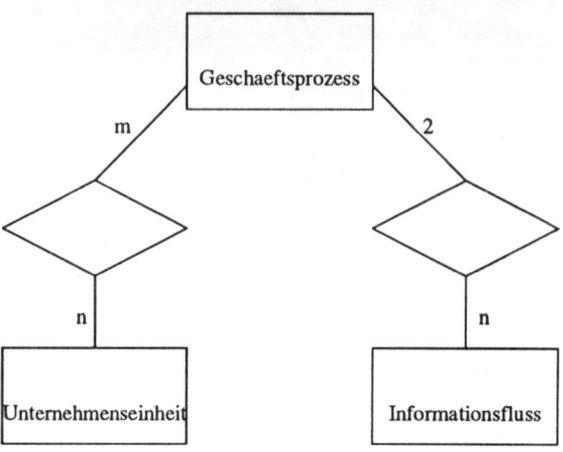

Abbildung 4.3: Komponenten eines Unternehmensmodells

Damit setzt sich ein Unternehmensmodell aus *Unternehmenseinheiten* (corporate entities), *Geschäftsprozessen* (business processes) und
Informationsflüssen (information flows) zusammen. Abbildung 4.3 zeigt
diese Komponenten als E/R-Diagramm.

Die (n:m)-Beziehung zwischen den Unternehmenseinheiten und den
Geschäftsprozessen besagt, dass in einer Unternehmenseinheit mehr als
ein Geschäftsprozess und ein Geschäftsprozess in mehr als einer Un-
ternehmenseinheit ablaufen kann. Demgegenüber bedeutet die (2:n)-
Beziehung zwischen den Geschäftsprozessen und den Informations-
flüssen, dass einem Paar von Geschäftsprozessen jeweils eine Menge von
Informationsflüssen zugeordnet sein kann, nämlich genau die Menge von
Informationsflüssen, die zwischen diesen Geschäftsprozessen existieren.

4.3.3.1 Unternehmenseinheiten

Von den Parametern zur Beschreibung von Unternehmenseinheiten sind die Liste der Geschäftsbereiche und die geographischen Koordinaten von besonderer Bedeutung:

- Die *Liste der Geschäftsbereiche* gibt an, in welchen Bereichen sich eine Unternehmenseinheit als Niederlassung des Unternehmens betätigt. Über analoge Listen in den Geschäftsprozessen lässt sich die (n:m)-Beziehungen zwischen den Unternehmenseinheiten und den Geschäftsprozessen steuern.

- Zwei *geographische Koordinaten* werden benötigt, um (in einem karthesischen Koordinatensystem) die Distanz zwischen zwei Unternehmenseinheiten berechnen zu können. Die Distanz ist für die Dienstabbildung wichtig, weil die Tarife von verschiedenen Diensten von ihr abhängen.

Weitere Parameter können zur Beschreibung von Unternehmenseinheiten harangezogen werden, um bei der Applikationsabbildung die Telekommunikationsanwendungen richtig dimensionieren zu können. Als Beispiele seien hier nur die Zahl der Angestellten, die Zahl der Datenendgeräte und der erzielte Umsatz genannt.

4.3.3.2 Geschäftsprozesse

Üblicherweise werden als Geschäftsprozesse alle in einem Unternehmen ablaufenden material- und informationsverarbeitenden Prozesse verstanden. Im Hinblick auf die Analyse, den Entwurf und die Optimierung von unternehmensweiten Kommunikationsnetzen interessieren dabei in erster Linie die informationsverarbeitenden Prozesse; diese gilt es als Geschäftsprozesse herauszuarbeiten und in geeigneter Weise zu beschreiben.

Es wurde bereits darauf hingewiesen, dass in den Geschäftsprozessen als Paramter ebenfalls eine *Liste von Geschäftsbereichen* vorzusehen ist,

damit die Zuordnung von Geschäftsprozessen zu Unternehmenseinheiten
möglich ist. Dabei wird ein Geschäftsprozess als in einer Unternehmenseinheit ablaufend angenommen, wenn die Schnittmenge der beiden
Geschäftsbereichslisten nicht leer ist. Der Geschäftsprozess spielt dann
in mindestens einem Geschäftsbereich eine Rolle, in dem die Unternehmenseinheit als Niederlassung des Unternehmens auch tätig ist.

4.3.3.3 Informationsflüsse

Geschäftsprozesse zeichnen sich durch ein- und ausgehende Informationsflüsse aus, und diese Informationsflüsse können in sehr vielfältigen
Formen auftreten; man denke hier etwa an Handzeichen, gesprochene
Sprache oder an den Austausch von physikalisch vorhandenen oder mag-
netisch bzw. elektronisch gespeicherten Dokumenten.

Für die Analyse, den Entwurf und die Optimierung von unternehmensweiten Kommunikationsnetzen muss weniger die Form, als vielmehr
der Inhalt eines Informationsflusses interessieren. Dabei ist ein Informationsfluss mit Hilfe der folgenden Paramater zu beschreiben:

- *Quell-* und *Senkprozess*

- *Richtung*

- *Synchronisation*

- *Informationsart*

Der Quellprozess bezeichnet den Geschäftsprozess, von dem der Informationsfluss ausgeht, bzw. der Senkprozess den Prozess, in den der
Informationsfluss eingeht.

Die Richtung des Informationsflusses kann uni- oder bidirektional
sein. Unidirektionale Informationsflüsse laufen von den Quell- zu den
Senkprozessen, während bidirektionale Informationsflüsse auch in den
entgegengesetzten Richtungen laufen können.

Die Synchronisation eines Informationsflusses gibt an, ob Quell- und
Senkprozesse synchron oder asynchron Informationen auszutauschen haben. Ein Informationsfluss ist synchron, wenn er vom Senkprozess unmittelbar, d.h. mit minimalen Verbindungsaufbau-, Übertragungs- und
Verzögerungszeiten aufzugreifen und zu interpretieren ist. Im asynchronen Fall spielt es keine Rolle, wann sich der Senkprozess der Abarbeitung
der übertragenen Information annimmt. Wenn für einen Informationsfluss keine Echtzeit-Anforderungen gestellt sind, dann lassen sich durch
asynchrone Informationsflüsse zum einen Arbeits- und Präsenzzeiten von
Mitarbeitern und Mitarbeiterinnen flexibler gestalten, und zum anderen
Niedertarifzeiten von Telekommunikationsdiensten besser ausnutzen.

Schliesslich hat die Informationsart anzugeben, ob sich ein Informationsfluss auf die Übertragung von Sprach-, Daten- oder Bildinformationen bezieht.

Informationsflüsse sind generisch, d.h. ein zwischen einem Quell-
und einem Senkprozess definierter Informationsfluss gilt sinngemäss für
alle Paare von Unternehmenseinheiten, in denen die entsprechenden
Geschäftsprozesse ablaufen. Unterschiede ergeben sich lediglich bei der
Dimensionierung der diesen Informationsfluss ermöglichenden Applikationen.

Mit der Spezifikation von Unternehmenseinheiten, Geschäftsprozessen und Informationsflüssen gilt die Unternehmensmodellierung auf
der Organisationsebene als abgeschlossen. Das Modell kann nun zur
Bestimmung von betrieblichen Kommunikationsbedürfnissen sowohl auf
der Applikations- als auch auf der Verbindungsebene eingesetzt werden.

4.4   Applikationsebene

Dieses Unterkapitel befasst sich mit der Applikationsebene des Rah-
menmodells für den Netzentwurf; es wird davon ausgegangen, dass ein
vollständiges und hinreichend genaues Unternehmensmodell auf der Organisationsebene bereits erstellt worden ist.

Im ersten Abschnitt werden Telekommunikationsanwendungen als Applikationen unterschieden, klassifiziert und parametrisiert. Im zweiten Abschnitt wird auf die Applikationsmatrix und im dritten Abschnitt auf die Applikationsabbildung eingegangen.

4.4.1 Applikationen

Telekommunikationsanwendungen haben auf der Applikationsebene die im Unternehmensmodell definierten Informationsflüsse zu ermöglichen. Mit *synchronen* und *asynchronen Sprach-*, *Daten-* und *Bildübertragungen* lassen sich insgesamt sechs Applikationsklassen unterscheiden. Abbildung 4.4 zeigt ein mögliches Schema zur Darstellung dieser Applikationsklassen zusammen mit einigen ausgewählten Beispielen.

Sprache	Daten	Bild	
Telefonie	Prozesssteuerung Terminalbetrieb	Fernzeichnen Videotelefonie Videokonferenz	synchron
Voice-Mail	Dateitransfer E-Mail EDI	Telefax	asynchron

Abbildung 4.4: Applikationsklassen

4.4.1.1 Synchrone Applikationen

Die synchrone Sprachübertragung ist als *Telefonie* schon seit jeher die treibende Kraft für den Auf- und Weiterausbau von Kommunikationsnetzen gewesen. Allerdings ist der relative Anteil der synchronen Sprachübertrag in den USA zwischen 1985 und 1990 von 75% auf 56% gesunken, und bis 1995 ist mit einer weiteren Reduktion dieses Anteils auf 39% zu rechnen [Zer92].

Aus der Klasse der synchronen Bildübertragung haben sich insbesondere das Fernzeichnen, die Videotelefonie und die Videokonferenzschaltung durchgesetzt und etabliert:

- Beim *Fernzeichnen* werden die zu übertragenden Bilder auf einem speziellen Eingabegerät (Grafiktableau) gezeichnet, als Pixelbilder aufbereitet, übertragen und beim Empfänger wieder ausgegeben.

- Der Wunsch nach einer Möglichkeit, neben der Stimme des Kommunikationspartners auch dessen Gesicht zu sehen, ist mindestens so alt, wie die Telefonie. Erst die jüngsten Entwicklungen in der Digitaltechnik haben es jedoch ermöglicht, diesem Wunsch zu entsprechen und als Dienst die *Videotelefonie* anzubieten. In der CCITT-Empfehlung H.261 sind entsprechende Bewegtbildübertragungsverfahren auf der Basis von 64, 128 und 384 kbps, bzw. 1.5 Mbps normiert.

  Ein spezielles Problem stellt bei der Videotelefonie der Augenkontakt dar: Wie kann man sicherstellen, dass sich die Kommunikationspartner während eines Gesprächs in die Augen blicken können, wenn sie doch nicht in die Kameras, sondern auf die Monitore schauen? Verschiedene Verfahren sind hierzu entwickelt worden. Durchgesetzt hat sich der halbdurchsichtige Spiegel; dabei wird das Bild des Monitors über einen Spiegel zum Benutzer geleitet, während sich gleichzeitig hinter dem Spiegel eine Kamera befindet, die den Benutzer filmt (vgl. Abbildung 4.5).

- Gute Bildqualitäten und hohe -aufbereitungsfrequenzen bieten *Videokonferenzschaltungen*. Allerdings belegen Videokonferenzschaltungen auch sehr viel grössere Übertragungskapazitäten als die Videotelefonie und sind mit einem entsprechend grossen technischen Aufwand verbunden. Das bereits skizzierte Problem des

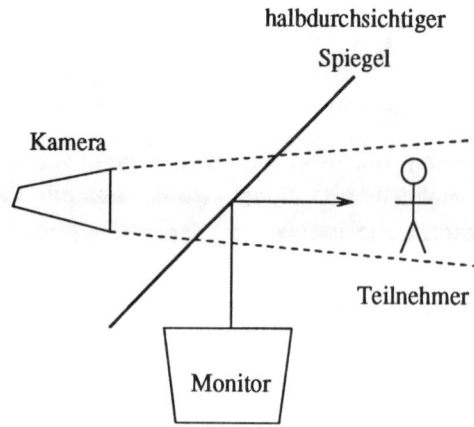

Abbildung 4.5: Augenkontakt bei der Videotelefonie

Augenkontakts wird bei Videokonferenzschaltungen noch dadurch
verschärft, dass gleichzeitig mehrere Personen beteiligt sind. NTT
hat zur Lösung dieses Problems eine "Multiple Eye Contact Method" entwickelt.

Ziel der synchronen Sprach- und Bildübertragung ist meist die
Unterstützung von zwischenmenschlichen Kommunikationsbeziehungen.
Dies gilt nicht immer für die synchrone Datenübertragung. Eine synchrone Datenübertragung ist meist dann erforderlich, wenn entweder
menschliche Benutzer und informationsverarbeitende Systeme oder informationsverarbeitende Systeme untereinander Daten auszutauschen
haben. Entsprechende Beispiele sind der Terminalbetrieb und die Pro-
zesssteuerung.

4.4.1.2 Asynchrone Applikationen

Asynchrone Sprach-, Daten- und Bildübertragungen zeichnen sich durch
fehlende Echtzeit-Anforderungen und in der Regel schubweise Einzelübertragungen aus. Diese Einzelübertragungen werden auch etwa als
Transaktionen bezeichnet.

Die Vorteile der asynchronen Kommunikation, die sich aus der zeitlichen Entkoppelung der Kommunikationspartner ergeben, sind zumindest für die Sprach- und Standbildübertragung erkannt. Man denke hier etwa an die grosse Zahl der weltweit an die öffentlichen Fernsprechnetze angeschlossenen Telefonbeantworter und Telefax-Geräte.

Statistische Auswertungen belegen, dass durchschnittlich mehr als die Hälfte aller Anrufer im PSTN keine direkte Antwort erwarten, sondern lediglich eine Botschaft hinterlegen wollen. Es ist deshalb anzunehmen, dass im ISDN *Voice-Mail* Systeme eine ähnlich grosse Verbreitung finden werden, wie Telefonbeantworter im PSTN heute, und dass sich die Vorteile der asynchronen Kommunikation auch für die Daten- und Bewegtbildübertragung durchsetzen werden. Im Datenverkehr beginnt sich der Durchbruch des Dateitransfers, von E-Mail, sowie des elektronischen Austauschs von strukturierten Nachrichten im Rahmen von EDI bereits heute abzuzeichnen. Für Bewegtbildübertragungen und multimediale Anwendungen wird zurzeit sehr intensiv an neuen Übertragungstechniken und -verfahren gearbeitet.

4.4.1.3 Parameter

Für die Analyse, den Entwurf und die Optimierung von unternehmensweiten Kommunikationsnetzen sind synchrone und asynchrone Applikationen zu unterscheiden und mit Hilfe der folgenden Parameter zu spezifizieren:

- *Knotenpaar* und *Initiator*

- *Anzahl*

- *Dauer*

Das Knotenpaar umfasst die Knoten, die an einer Applikation beteiligt sind. Dabei entsprechen Knoten den auf Namen und geographische Koordinaten reduzierten Unternehmenseinheiten. Für Applikationen, die einen unidirektionalen Informationsfluss abzudecken haben, ist der

Knoten, der aus der den Quellprozess beherbergenden Unternehmenseinheit hervorgegangen ist, als Anstösser oder Initiator zu betrachten, und
als solcher auszuweisen. Die Anzahl und die Dauer sind für synchrone
und asynchrone Applikationen unterschiedlich anzugeben:

- Synchrone Applikationen lassen sich grundsätzlich auf zwei Arten
  spezifizieren; entweder durch die alleinige Angabe einer Übertragungskapazität, oder durch die kombinierte Angabe einer Übertragungskapazität mit einer Anzahl und einer Dauer. Im ersten Fall
  wird angenommen, dass die Applikation permanent benutzt wird
  und deshalb auch permanent zur Verfügung stehen muss. Dagegen
  wird im zweiten Fall impliziert, dass die Applikation nicht permanent benutzt wird und nur bei Bedarf zum Einsatz kommt. Die
  Anzahl und die Dauer spezifizieren dann die Häufigkeit und die
  Länge dieser Einsätze. Als weiterer Parameter ist für synchrone
  Applikationen also noch eine Übertragungskapazität vorzusehen.
  Zudem kann im zweiten Fall noch eine Verbindungsaufbauzeit spezifiziert werden; sie gibt dann an, in welcher Zeitspanne eine Applikation nach ihrer Anforderung zur Verfügung stehen muss.

- Asynchrone Applikationen werden im wesentlichen durch die Angabe einer Anzahl und einer Grösse von Transaktionen festgelegt.
  Die Anzahl ist als Parameter bereits genannt worden, und die
  Grösse ist als zusätzlicher Paramater für asynchrone Applikationen
  vorzusehen. Die Grösse kann entweder direkt oder — insbesondere
  bei asynchronen Sprach- und Bildübertragungen — auch indirekt
  über die Dauer angegeben werden. Sind z.B. als Dauer einer asynchronen Sprachübertragung fünf Minuten (300 sec) gegeben, dann
  errechnet sich die Grösse aus 300 sec $*$ 32 kbps = 9'600 kBit, was
  umgerechnet 1'200 kBytes entspricht. Bei dieser Umrechnung ist
  angenommen, dass das analoge Sprachsignal mit ADPCM modu-
  liert sei. Durch den Einsatz von PCM würde sich die Grösse noch
  einmal verdoppeln. Sinnvollerweise wird man Klassen von Grössen
  betrachten und verschiedene Grössen innerhalb einer Klasse nicht
  weiter unterscheiden.

Synchrone und asynchrone Applikationen sind also mit Hilfe eines Knotenpaares, eines Initiators, einer Anzahl und einer Dauer zu spezifizieren. Im synchronen Fall kommen eine Übertragungskapazität und möglicherweise eine Verbindungsaufbauzeit, im asynchronen Fall eine Grösse hinzu.

4.4.2 Applikationsmatrix

Alle für ein Unternehmen relevanten Applikationen werden in einer *Applikationsmatrix* (AM) zusammengefasst. Diese Matrix erhält man dadurch, dass man alle Knoten des betrachteten Unternehmens sowohl als Zeilen als auch als Spalten einer Matrix betrachtet und alle Applikationen, die zwischen den Knoten A und B einzusetzen sind, und deren Initiator entweder A oder leer ist, in die Matrixzelle AM[A,B] einträgt. Ist für eine zwischen A und B eingesetzte Applikation kein Initiator spezifiziert, dann ist diese Applikation sowohl in der Zelle AM[A,B] als auch in der Zelle AM[B,A] einzutragen.

Für alle Knoten A liegen die Zellen AM[A,A] auf der Hauptdiagonalen einer Applikationsmatrix und entsprechen lokalen Telekommunikationsanwendungen. Für die Analyse, den Entwurf und die Optimierung von unternehmensweiten Kommunikationsnetzen spielen diese Applikationen keine Rolle; die Zellen AM[A,A] werden deshalb als leer angenommen.

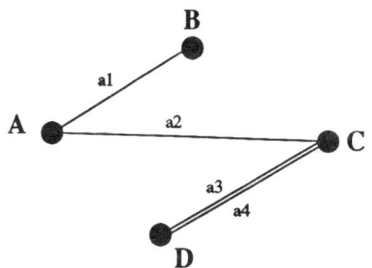
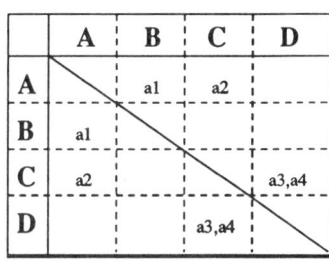

	A	B	C	D
A		a1	a2	
B	a1			
C	a2			a3,a4
D			a3,a4	

Abbildung 4.6: Applikationsmatrix

Abbildung 4.6 zeigt den Aufbau einer Applikationsmatrix. Der
Graph auf der linken Seite zeigt ein Unternehmen mit vier Knoten. Zwischen den drei Knotenpaaren (A,B), (A,C) und (C,D) sind vier Applikationen a1, a2, a3 und a4 eingesetzt. Diese Applikationen sind auf der
rechten Seite in einer Applikationsmatrix eingetragen. Zu beachten ist,
dass in diesem Beispiel alle Applikationen als bidirektionale Informationsflüsse abzudeckende Applikationen angenommen sind, und dass die
Applikationsmatrix deshalb symmetrisch ist. Eine Applikationsmatrix
ist immer dann symmetrisch, wenn alle in ihr aufgesammelten Applikationen bidirektionale Informationsflüsse abzudecken haben.

Auch nach Abzug der lokalen Applikationen verbleiben für ein Unternehmen mit n Knoten $n^2 - n = n(n-1)$ Matrixzellen zu spezifizieren.
Einige Zellen können leer, andere mehrfach belegt sein. Ist die Matrix
symmetrisch, dann reduziert sich die Zahl der effektiv zu unterscheiden-
den Matrixzellen zwar noch auf die Hälfte, die mit der Spezifikation einer
Applikationsmatrix einhergehende Komplexität steigt aber quadratisch
mit der Zahl der Knoten.

4.4.3 Applikationsabbildung

In diesem Abschnitt wird mit der Applikationsabbildung die Frage untersucht, wie aus einem gegebenen Unternehmensmodell eine sinnvolle
Applikationsmatrix abgeleitet werden kann. Im wesentlichen sind dabei
drei Schritte zu unterscheiden: Im ersten Schritt werden die Unternehmenseinheiten auf Knoten abgebildet. Im zweiten Schritt werden für jeden im Unternehmensmodell aufgeführten Informationsfluss eine Menge
von Applikationen instanziert. Diese Applikationen sind dann im dritten
Schritt noch zu dimensionieren.

1. Die Abbildung der Unternehmenseinheiten auf entsprechende Knoten kann relativ einfach erfolgen. Für jede Unternehmenseinheit
   ist ein Knoten zu instanzieren und mit dem Namen und den geographischen Koordinaten der Unternehmenseinheit anzureichern.

2. Konzeptionell schwieriger zu behandeln als die Abbildung von
   Unternehmenseinheiten auf Knoten ist die Bestimmung der App-

likationsmengen: Für jeden im Unternehmensmodell aufgeführten Informationsfluss muss hier zunächst einmal festgestellt werden, zwischen welchen Unternehmenseinheiten entsprechende Applikationen überhaupt zu instanzieren sind. Dazu wird ermittelt, in welchen Unternehmenseinheiten die im Informationsfluss festgelegten Quell- und Senkprozesse ablaufen. Für jedes Paar von Unternehmenseinheiten, in dem jeweils eine Unternehmenseinheit einen Quell- und eine andere Unternehmenseinheit einen Senkprozess beherbergt, ist dann eine Applikation zu instanzieren. Die Synchronisation des Informationsflusses entscheidet darüber, ob es sich bei diesen Applikationen um synchrone oder asynchrone Applikationen zu handeln hat. Im Knotenpaar der Applikation sind die Knoten anzugeben, die den Unternehmenseinheiten entsprechen. Ist der abgedeckte Informationsfluss unidirektional, dann ist der Knoten, der aus der den Quellprozess beherbergenden Unternehmenseinheit hervorgegangen ist, als Initiator anzugeben. Im bidirektionalen Fall ist die Angabe eines Initiators nicht erforderlich.

3. Die Dimensionierung der instanzierten Applikationen erfolgt über die Parameter, die für synchrone und asynchrone Applikationen eingeführt worden sind. Es sind dies die Anzahl und die Dauer, sowie eine Übertragungskapazität und eine Verbindungsaufbauzeit für synchrone, bzw. eine Grösse für asynchrone Applikationen.

Die beiden ersten Schritte lassen sich relativ leicht automatisieren. Will man dagegen auch die Dimensionierung der während der Applikationsabbildung instanzierten Applikationen automatisieren, dann muss man die entsprechenden Parameter als Funktionen der in einem Unternehmensmodell gegebenen Parameterwerte beschreiben können. Beispielsweise könnte man sich vorstellen, dass die Übertragungskapazität einer synchronen Applikation direkt abhängt von der Informationsart des abzudeckenden Informationsflusses oder von der Zahl der Mitarbeiter und Mitarbeiterinnen in den beteiligten Unternehmenseinheiten.

Auf die Tatsache, dass synchrone Sprachübertragungen heute meist auf einer Übertragungskapazität von 32 kbps basieren, wurde bereits

hingewiesen. Eine entsprechende Übertragungskapazität liesse sich
für synchrone Sprachübertragungen defaultmässig vorgeben. Natürlich
könnte man diesen Wert noch mit einem Faktor multiplizieren, der (direkt oder indirekt) von der Zahl der Mitarbeiter und Mitarbeiterinnen
in den beteiligten Unternehmenseinheiten abhängt.

In diesem Zusammenhang sind sehr komplexe Zusammenhänge denkbar; Zusammenhänge, deren Aufdeckung mit einem erheblichen empirischen Aufwand verbunden sein kann. Insbesondere können die Zusammenhänge noch brachenspezifisch variieren, so dass der empirische
Aufwand für jede Branche einzeln zu betreiben wäre.

4.5   Verbindungsebene

Dieses Unterkapitel befasst sich mit der Verbindungsebene des Rah-
menmodells für den Netzentwurf. Es wird davon ausgegangen, dass
eine Applikationsabbildung erfolgreich stattgefunden hat, und dass aus
einem Unternehmensmodell eine vollständige und hinreichend genaue
Applikationsmatrix abgeleitet worden ist.

Im ersten Abschnitt wird untersucht, anhand welcher Parameter (logische) Verbindungen zu spezifizieren sind. Der zweite Abschnitt befasst
sich mit der Verbindungsabbildung, d.h. mit dem Übergang von der
Applikations- auf die Verbindungsebene.

4.5.1   Verbindungen

Wie Applikationen auf der Applikationsebene haben auch Verbindungen
auf der Verbindungsebene betriebliche Kommunikationsbedürfnisse zu
beschreiben. Der einzige Unterschied betrifft die Sichtweise: Während
auf der Applikationsebene die Beschreibung von betrieblichen Kommunikationsbedürfnissen und entsprechenden Telekommunikationsanwendungen aus der Sicht des Benutzers erfolgt, werden auf der Verbindungsebene die gleichen betrieblichen Kommunikationsbedürfnisse im
Hinblick auf die nachfolgenden Netzentwurfs- und -optimierungsschritte
spezifiziert.

Orientiert sich die Netzoptimierung an einer Minimierung von Kommunikationskosten, dann müssen aus jeder Verbindung insbesondere die Kosten errechnet werden können, die durch die Abdeckung der Verbindung durch die dazu überhaupt in Frage kommenden Dienste entstehen. Diesbezügliche Untersuchungen haben gezeigt, dass dabei die folgenden Parameter eine Rolle spielen:

- *Knotenpaar* und *Initiator*

- *Anzahl* und *Dauer*

- *Übertragungskapazität* und *Grösse*

- *Verbindungstyp*

- *Zeitmodus*

- *Belegung*

- *Dienstmenge*

Das Knotenpaar, der Initiator, die Anzahl und die Dauer einer Verbindung entsprechen den gleichnamigen Applikationsparametern. Die Übertragungskapazität und die Grösse von Transaktionen können den synchronen und asynchronen Applikationen entnommen werden.

Der Verbindungstyp hat anzugeben, ob eine Verbindung permanent, zeit- oder volumenabhäng ist:

- *Permanente Verbindungen* haben dauernd zur Verfügung zu stehen. Die Belegung gibt dann an, wie stark die Verbindung benutzt wird.

- *Zeitabhängige Verbindungen* haben schubweisen Sprach-, Daten- oder Bildübertragungen zur Verfügung zu stehen, die sich durch hohe Echtzeit-Anforderungen auszeichnen.

- *Volumenabhängige Verbindungen* haben ebenfalls schubweisen Sprach-, Daten- oder Bildübertragungen zur Verfügung zu stehen. Im Unterschied zu zeitabhängigen Verbindungen steht hier aber die zuverlässige Übertragung von grossen Datenmengen im Vordergrund; Echtzeit-Anforderungen treten zurück.

Die Einteilung in permanente, zeit- und volumenabhängige Verbindungen ist nicht standardisiert. Ganz oder teilweise andere Einteilungsschemata sind denkbar und werden auch eingesetzt. Weil permanente, zeit- und volumenabhängige Verbindungen sich in erster Linie auf unterschiedliche Echtzeit-Anforderungen beziehen, spricht Rothberg z.B. von den Verbindungstypen *Real Time, Interactive* und *File Transfer* [Rot88]. Bell bezeichnet permanente Verbindungen als *On-line-Verbindungen*, und fasst zeit- und volumenabhängige Verbindungen als *Dial-Up-Verbindungen* zusammen [Bel87].

Für nicht permanente Verbindungen hat der Zeitmodus anzugeben, ob die Verbindung während den Normal- oder Niedertarifzeiten aufzubauen und zu unterhalten ist. Obwohl die Grenze zwischen Normal- und Niedertarifzeiten eigentlich dienstabhängig ist, kann sie vereinfachend auch als konstant angenommen werden.

Schliesslich ist die Menge der für die Dienstabbildung einer Verbindung in Frage kommenden Telekommunikationsdienste noch in einer Dienstmenge anzugeben. In Frage kommen dabei grundsätzlich alle der in Kapitel drei vorgestellten Telekommunikationsdienste; es sind dies Miet- und Wählleitungen, sowie paketvermittelte Datenübertragungsdienste.

Weil die Komplexität einer Dienstabbildung insgesamt abhängt von den Kardinalitäten der Dienstmengen der abzubildenden Verbindungen, sind kleine Dienstmengen in jedem Fall wünschenswert und auch entsprechend anzustreben. Für permanente Verbindungen kann die Dienstmenge a priori auf Mietleitungen und paketvermittelte Datenübertragungsdienste eingeschränkt werden; die permanente Belegung einer Wählleitung wird aufgrund ihrer Tarifstruktur kaum sinnvoll sein. Für zeit- und volumenabhängige Verbindungen können dagegen a priori keine Einschränkungen in Bezug auf die Dienstmengen gemacht werden.

Im zeitabhängigen Fall kann allenfalls eine auf der Applikationsebene spezifizierte Verbindungsaufbauzeit die Dienstmenge einschränken; so lassen sich z.b. mit Wählleitungen keine Verbindungsaufbauzeiten unter einer Sekunde realisieren.

Wie bereits auf der Applikationsebene sind auch auf der Verbindungsebene alle für ein Unternehmen relevanten Verbindungen in einer quadratischen Matrix aufzusammeln. Auf die Gründe, weshalb diese Matrix sinnvollerweise als Kommunikationsmatrix zu bezeichnen ist, wurde unter 4.2 bereits hingewiesen.

4.5.2 Verbindungsabbildung

Die Verbindungsabbildung hat sich mit dem Übergang von der Applikations- auf die Verbindungsebene zu befassen, d.h. mit der Herleitung einer Kommunikations- aus einer Applikationsmatrix. Diese Aufgabe lässt sich in zwei Schritten angehen; in der Herleitung einer provisorischen Kommunikationsmatrix und der Vereinfachung dieser provisorischen Matrix .

1. Im ersten Schritt ist für jede in der Applikationsmatrix spezifizierte Applikation eine Verbindung zu instanzieren, zu spezifizieren und in einer provisorischen Kommunikationsmatrix aufzusammeln. Für die Spezifikation der instanzierten Verbindungen können viele Parameterwerte direkt von den Applikationen übernommen werden. Dies gilt zumindest für das Knotenpaar, den Initiator, die Anzahl und die Dauer, sowie für die Übertragungskapazität im synchronen und die Grösse im asynchronen Fall.

   Der Verbindungstyp ist im wesentlichen abhängig von der Applikationsklasse, bzw. von der Art und Weise, wie im synchronen Fall die Applikation spezifiziert worden ist. Aufgrund fehlender Echtzeit-Anforderungen drängt sich für asynchrone Applikationen der Verbindungstyp volumenabhängig auf. Für synchrone Applikationen können Verbindungen permanent oder zeitabhängig sein. Entscheidend ist hier, ob als Anzahl ein Wert spezifiziert worden

ist. Ist ein Wert spezifiziert, dann ist die Verbindung als zeitabhängig anzunehmen, ansonsten als permanent.

Für die Belegung einer permanenten Verbindung können keine all-
gemeingültigen Aussagen gemacht werden.

Ein Zeitmodus ist sowohl für zeit- als auch für volumenabhängige
Verbindungen anzugeben. Dabei kann angenommen werden, dass
zeitabhängige Verbindungen während der normalen Bürozeiten benutzt werden und mit Normaltarifen zu verrechnen sind. Für volumenabhängige Verbindungen wird angenommen, dass der Faktor
Zeit keine Rolle spielt, und dass solche Verbindungen auch in der
Nacht während der Niedertarifzeiten aufgebaut und benutzt werden können.

Es wurde bereits darauf hingewiesen, dass im Hinblick auf eine
möglichst geringe Komplexität der Dienstabbildung Dienstmengen mit kleinen Kardinalitäten wünschenswert und anzustreben
sind. Bei der Verbindungsabbildung ist denn auch der Eingren-
zung von in Frage kommenden Diensten besonderes Gewicht bei-
zumessen. Dass für synchrone Applikationen spezifizierte Verbindungsaufbauzeiten die Dienstmengen von zeitabhängigen Verbindungen einschränken können, wurde bereits erwähnt. Ist eine Verbindungsaufbauzeit von einer halben Sekunde verlangt, dann kommen als Dienste z.B. nur noch Mietleitungen und paketvermittelte
Datenübertragungsdienste in Frage.

2. Sind Verbindungen in der beschriebenen Art und Weise instanziert, spezifiziert und in einer provisorischen Kommunikationsmatrix zusammengefasst, dann kann man im zweiten Schritt daran
gehen, die provisorische Kommunikationsmatrix zu vereinfachen.
Für jede Zelle der Matrix, die mehr als eine Verbindung enthält,
ist dabei zu prüfen, ob nicht Verbindungen desselben Typs zusammengelegt werden können:

- Permanente Verbindungen können zusammengelegt werden,
  wenn sie gleiche Initiatoren und Dienstmengen aufweisen. Die
  Übertragungskapazität der neuen Verbindung errechnet sich

dann aus der Summe der Produkte der Übertragungskapazitäten und der Belegungen der substituierten Verbindungen.

• Zeitabhängige Verbindungen können zusammengelegt werden, wenn sie sich neben identischen Dienstmengen und Initiatoren auch durch denselben Zeitmodus, dieselbe Dauer
und (ungefähr) dieselbe Grösse auszeichnen. Die Anzahl der
neuen Verbindung entspricht dann der Summe der Anzahlen
der substituierten Verbindungen.

• Schliesslich können volumenabhängige Verbindungen zusammengelegt werden, wenn sie sich neben identischen Dienstmengen und Initiatoren auch durch denselben Zeitmodus und
(ungefähr) dieselbe Grösse auszeichnen. Auch hier entspricht
die Anzahl der neuen Verbindung der Summe der Anzahlen
der substituierten Verbindungen.

Ist die provisorische Kommunikationsmatrix gemäss diesen Möglichkeiten vereinfacht worden, dann liegen betriebliche Kommunikationsbedürfnisse in der Form beschrieben vor, wie sie für die nachfolgenden
Netzentwurfs- und -optimierungsschritte verwendet werden können.

4.6 Dienstabbildung

Die Dienstabbildung hat sich mit dem Übergang von der Verbindungs-
auf die Dienstebene zu befassen. Dabei ist für jede Verbindung, die in einer Kommunikationsmatrix gegeben ist, ein Telekommunikationsdienst
auszuwählen. Die von der schweizerischen Telecom PTT angebotenen
Telekommunikationsdienste, die für den Aufbau und Betrieb von unternehmensweiten Kommunikationsnetzen zur Verfügung stehen, sind in
Kapitel drei eingeführt und ausführlich diskutiert worden.

Der Dienstabbildung ist ein *Dienstoptimierungsmodell* zugrunde zu
legen. Das Dienstoptimierungsmodell besagt, wie im Verlaufe einer
Dienstabbildung jeder Verbindung ein im Hinblick auf ein globales Kri-
terium optimaler Dienst zuzuordnen ist. Dabei hat sich Optimalität

nicht auf einzelne Verbindungen sondern auf eine gesamte Netzkonfiguration zu beziehen. Verschiedene Optimierungskriterien sind denkbar; Beispiele sind maximale Leistung, Sicherheit oder Offenheit, sowie minimale Netzbetriebs- und -unterhaltskosten.

Mit Hilfe eines *Mietleitungsoptimierungsmodelles* kann im Anschluss an eine Dienstabbildung versucht werden, das entstandene Mietleitungs(unter)netz zu optimieren. Dieser zusätzliche Freiheitsgrad beim Entwurf von Mietleitungsnetzen entsteht aus der Tatsache, dass Übertragungskapazitäten in einem Mietleitungsnetz nicht direkt zwischen Endknoten realisiert sein müssen, sonderen im Prinzip über beliebig viele andere Knoten geleitet werden können. So kann es für ein Unternehmen kostengünstiger sein, eine Verbindung zwischen A und B indirekt über C zu legen, wenn über AC und BC bereits Leitungen existieren, und die zusätzlichen Kosten hier kleiner sind als eine direkte Leitung von A nach B (vgl. Abbildung 4.7. Diese Möglichkeit zur Wegwahl bieten andere Telekommunikationsdienste nicht.

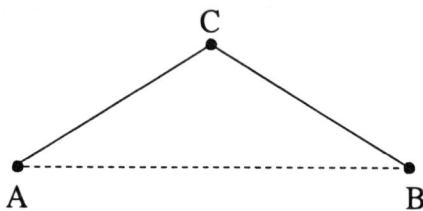

Abbildung 4.7: Indirekte Verbindung

An dieser Stelle muss festgehalten werden, dass die konzeptionelle Trennung zwischen Dienst- und Mietleitungsoptimierung nur möglich ist, wenn innerhalb der Dienstoptimierung die voraussichtlichen Kosten des noch zu optimierenden Mietleitungs(unter)netzes hinreichend gut abgeschätzt werden können.

Mögliche Dienst- und Mietleitungsoptimierungsmodelle, sowie entsprechende Methoden aus dem Operations Research, heuristische Verfahren, Simulated Annealing und genetische Algorithmen sind in [Web93] diskutiert.

4.7 Schlussfolgerungen

Das in diesem Kapiteln eingeführte und schrittweise verfeinerte Rahmenmodell für den Netzentwurf, bzw. die aus dem Rahmenmodell abgeleitete Methode für die Analyse, den Entwurf und die Optimierung von unternehmensweiten Kommunikationsnetzen, können als Grundlage für die Entwicklung eines Werkzeuges für den *rechnergestützten Netzentwurf* (computer-aided network design, CAND) herangezogen werden. Werkzeuge für CAND werden in der Literatur auch etwa als *Network Design Tools* (NDTs) bezeichnet.

Die Bedeutung von CAND wird in der Praxis in zunehmendem Mass erkannt. Wollen die Telekommunikationsanbieter vermehrt Kundennähe demonstrieren, dann müssen sie auf die spezifischen Bedürfnisse ihrer Kunden auch mit individuellen Lösungen reagieren können. Weil die Ausarbeitung von solchen Lösungen aber immer mit einem grossen Aufwand verbunden sein wird, drängt dass sich der Einsatz von NDTs auf.

Viele private und staatliche Institutionen haben sich der Entwicklung von NDTs angenommen. In [Nor92] sind über 50 Werkzeuge beschrieben, die von 18 Unternehmen in den USA angeboten werden. Die grosse Zahl verschiedener NDTs lässt sich zum Teil auch aus der Tatsache erklären, dass die einzelnen Werkzeuge sehr stark auf individuelle Bedürfnisse und Problemstellungen ausgerichtet sind und nur ganz bestimmte Netztypen und -konfigurationen zu optimieren in der Lage sind. Zum Teil sind die Werkzeuge auf proprietäre Eigenheiten und Netzarchitekturen ausgerichtet.

Aufgrund der übergrossen Zahl von möglichen Netzkonfigurationen, lassen sich in NDTs nur selten rein analytische Verfahren einsetzen; stattdessen basieren NDTs auf heuristischen Verfahren und Simulationen:

- Mit *heuristischen Verfahren* versucht man analytische Verfahren so zu approximieren, dass die Zahl der möglichen und zu untersuchenden Netzkonfigurationen zwar deutlich verringert wird, eine hinreichend gute Konfiguration aber immer noch gefunden werden

kann. Auf eine beweisbare Optimalität der gefundenen Lösung(en)
wird in der Regel verzichtet.

• Mit *Simulationen* versucht man das dynamische Verhalten einer
Netzkonfiguration zu untersuchen, um Aussagen in Bezug auf das
Leistungs- und Antwortszeitverhalten zu machen.

Zentral für den Einsatz von NDTs sind die Angebote und Tarifstrukturen der Telekommunikationsanbieter. Die meisten Werkzeuge
beschränken sich hier auf die nordamerikanischen Verhältnisse; eine Anpassung an europäische Verhältnisse ist nicht ohne zum Teil sehr grosse
Änderungen und Erweiterungen möglich. Es ist fraglich, ob der europäische Markt für NDTs gross genug ist, um diese Änderungen und
Erweiterungen auch marktwirtschaftlich begründen zu können.

Nicht zuletzt aufgrund der Anpassungsschwierigkeiten von nordamerikanischen NDTs auf europäische Verhältnisse, haben sich auch einige
europäische Telekommunikationsanbieter der Entwicklung von NDTs
angenommen. Allerdings zögern diese Telekommunikationsanbieter mit
der Freigabe der von ihnen entwickelten Werkzeuge. Für dieses Verhalten gibt es hauptsächlich zwei Gründe: Zum einen wollen sie ihre
Mitbewerber nicht mit qualitativ hochstehenden Werkzeugen versorgen,
mit denen sie selbst konkurriert werden können, und zum anderen glau-
ben sie durch den Einsatz von NDTs auch mehr über die spezifischen
(Kommunikations-) Bedürfnisse ihrer Kunden erfahren zu können. Dieses Wissen kann sich in Zukunft als strategischer Erfolgsfaktor erweisen.

Besonders augefällig ist das zögernde Verhalten bei der Heraus-
gabe von NDTs beim Centre National d'Etudes des Telecommunications
(CNET), dem Forschungszentrum von France Télécom. Unter dem Pro-
jektnamen *Orient* wurden hier zwischen 1986 und 1990 eine ganze Reihe
von Werkzeugen entwickelt, die jeweils auf ganz bestimmte Teilaufgaben
der Analyse, des Entwurf und der Optimierung von unternehmensweiten Kommunikationsnetzen spezialisiert waren [CDL+89, DLR90]. 1990
fand eine strategische Neuausrichtung von Orient statt; Ziel ist seither nicht mehr die Entwicklung von spezialisierten Einzelwerkzeugen,
die auch öffentlich vertrieben werden, sondern die Entwicklung eines

integrierten NDT, das nur noch den Telekommunikationsberatern von France Télécom zur Verfügung gestellt wird.

In der Schweiz hat die Forschungs- und Entwicklungsabteilung der Telecom PTT 1991 ein von seiner Zielsetzung her mit Orient vergleichbares Projekt gestartet [OWL92, WOH92].

Mittel- bis langfristig werden die Telekommunikationsanbieter nicht umhin kommen, ihre Kunden bei der Analyse von betrieblichen Kommunikationsbedürfnissen adäquat zu unterstützen und neben reinen Telekommunikationsdiensten auch Beratungsdienste anzubieten. Die DBP Telekom hat z.b. schon relativ frühzeitig die strategische Bedeutung von Beratungsdiensten erkannt und ein Geschäftsfeld "Consulting" definiert. Im Rahmen der Planung des neuen Flughafens in München und der Kommunikation zwischen den Regierungsstellen in Berlin und Bonn hat die DBP Telekom mit dieser Art von Beratungsdiensten positive Erfahrungen sammeln können [For92].

Kapitel 5

Managed Network Services

Nachdem im letzten Kapitel ein Rahmenmodell und eine Methode für die Analyse, den Entwurf und die Optimierung von unternehmensweiten Kommunikationsnetzen eingeführt und diskutiert worden ist, befasst sich dieses Kapitel mit der alternativen Möglichkeit, die ein Unternehmen hat, um seine betrieblichen Kommunikationsbedürfnisse abzudecken, nämlich mit der Auslagerung von Kommunikationsaufgaben und dem Fremdbezug von entsprechenden Dienstleistungen im Rahmen von Managed Network Services (MNS).

Im Zusammenhang mit Abbildung 1.4 wurde bereits darauf hingewiesen, dass Outsourcing im Telekommunikationsbereich sehr verschiedene Formen annehmen kann; von der Auslagerung einzelner Netzverwaltungsaufgaben bis hin zu einem umfassenden MNS. Diese Möglichkeiten sollen in diesem Kapitel anhand von Fallbeispielen konkretisiert werden. Nach einer kurzen Einführung wird im zweiten Unterkapitel auf die Frage eingegangen, welche Unternehmen auf ihren Netzen MNS anbieten, und welche Leistungen diese Dienstangebote umfassen. Schlussbemerkungen runden das Kapitel ab.

5.1   Einführung

Die dem Outsourcing zugrunde liegende Idee ist nicht neu; fremdbezo-
gene Informations- und Kommunikationsdienstleitstungen hat es schon
immer gegeben. Die Diskussion, die heute rund um das Outsourcing
geführt wird, erinnert sehr stark an die Auseinandersetzungen, die noch
vor wenigen Jahren zum Thema "Eigenentwicklung oder Standardsoft-
ware" stattgefunden haben. Auch hier ging es um eine Auslagerung
von vorher in Eigenregie durchgeführten Softwareentwicklungsarbeiten.
Viele Überlegungen und Argumente aus diesen Auseinandersetzungen
lassen sich denn auch auf das Outsourcing im Telekommunikationsbereich übertragen.

Unsere Gesellschaft zeichnet sich durch eine stetig fortschreitende
Arbeitsteilung aus und Outsourcing stellt letztendlich nur eine Kon-
sequenz dieser Entwicklung dar. Unternehmen versuchen in allen Bereichen spezifische Aufgaben auszulagern, um sich auf ihre strategisch
relevanten Kerngeschäfte konzentrieren zu können. Dies gilt natürlich
auch für Aufgaben im Informations- und Kommunikationsbereich. Ein
paar Beispiele sollen dies verdeutlichen:

- 1989 hat Eastman Kodak seine Computersysteme an IBM verkauft
  und sich vertraglich abgesichert, dass IBM während der nächsten
  zehn Jahren die Datenverarbeitung für Kodak übernimmt. Die
  Telekommunikationsabteilung von Kodak wurde mitsamt der Belegschaft von Digital Equipment übernommen.

- 1990 hat die Erdölgesellschaft BP Exploration ihre Rechnungs-
  und Informatikabteilung ausgelagert und an Andersen Consulting
  übergeben.

- 1991 hat die Kreditkartenfirma Visa International im Rahmen
  eines 87-Millionen-Dollar-Vertrages einen Teil ihres Netzmanage-
  ments ausgelagert und MCI mit der Verwaltung von Visanet2000
  beauftragt. Der Vertrag ist zeitlich auf drei Jahre befristet.

- Die Kaufmännische Krankenkasse Hannover unterhält in Deutschland mehr als 500 Niederlassungen, die bisher alle über PDN-

Anschlüsse verbunden waren. Obwohl diese Lösung stabil und die Antwortzeiten akzeptabel waren, erstrebte die Kaufmännische Krankenkasse Hannover eine individuellere Betreuung, eine bessere und vollständigere Netzüberwachung, sowie eine Möglichkeit in Katastrophenfällen auch alternative Verbindungen schalten zu können. 1992 entschied man sich für eine Auslagerung des Netzes an den MNS-Anbieter Debis.

Die Auslagerung von Informations- und Kommunikationsaufgaben, bzw. der Fremdbezug von entsprechenden Dienstleistungen, kann zwar auf verschiedene Arten erfolgen, zeitlich betrachtet stellt sie aber immer einen über mehrere Phasen laufenden Prozess dar. Dieser Prozess kann sich von der ausschliesslichen Eigenerbringung von Leistungen, über einen partiellen Zukauf von Fremdleistungen, der Gründung von Profit Centres oder Tochtergesellschaften, bis hin zu einem vollständigen Fremdbezug von Dienstleistungen erstrecken [Hob92]. Wenn von Outsourcing gesprochen wird, dann bedeutet dies nicht notwendigerweise, dass die entsprechenden Aufgaben je einmal selbst ausgeführt worden sind; es kann durchaus sein, dass alle oder ein Teil der Leistungen gar nie durch das Unternehmen erbracht worden sind.

Das Anbieten von MNS bedingt technische, organisatorische und personelle Voraussetzungen. Will ein Anbieter einem Kunden ein unternehmensweites Kommunikationsnetz zur Verfügung stellen, dann benötigt er zunächst einmal ein Netz, das die geographische Distanz zwischen den Niederlassungen des Kunden überbrücken kann. In Staaten, in denen die nationalen PTT-Betriebe über ein Netzmonopol verfügen, müssen die MNS-Anbieter entsprechende Übertragungskapazitäten mieten. Dabei kann es sich um Übertragungskapazitäten in leitungsgebundenen Netzen, um terrestrische Funkverbindungen oder um Satellitenkanäle handeln.

In leitungsgebundenen Netzen kommen insbesondere Mietleitungen in Frage. Die benutzungsinavrianten und nicht proportional zu den belegten Bandbreiten anwachsenden Tarife von Mietleitungen ermöglichen es einem MNS-Anbieter erst, gewinnbringend zu arbeiten. Er wird versuchen, breitbandige Leitungen zu mieten und so einzusetzen, dass er möglichst viele Kundennetze damit bedienen kann. Selbstverständlich können in Kombination zu Mietleitungen auch alle anderen der in Kapitel drei vorgestellten Telekommunikationsdienste zum Einsatz kommen. MNS können von Netzbetreibern, Hardwareherstellern, Dienstleistungs- und Beratungsfirmen, Grossunternehmen, sowie von regionalen Anbietern angeboten werden:

- Dass öffentliche *Netzbetreiber* neben den klassischen Telekommunikationsdiensten auch MNS anbieten, liegt auf der Hand. Neben den PTT-Betrieben sind als Netzbetreiber auch private und privatisierte Telekommunikationsgesellschaften, wie AT&T, US Sprint, MCI und BT, gemeint.

- Grosse *Hardwarehersteller*, wie IBM, Digital Equipment oder Alcatel, besitzen eigene globale Unternehmensnetze, die sie ihren Kunden zur Verfügung stellen. Damit können sie ihre Netze besser auslasten, Synergien mit ihren Kerngeschäften ausnutzen und eine stärkere Kundenbindung erreichen.

- *Dienstleistungs-* und *Beratungsfirmen* sind zwar nicht primär im Hardware- oder Telekommunikationsgeschäft tätig, auf ihren meist gut ausgebauten Netzen können sie aber dennoch umfassende Telekommunikationsdienste — bis hin zu MNS — anbieten. Dabei können sie auf eine langjährige Erfahrung im Dienstleistungsgeschäft zurückgreifen. Dienstleistungs- und Beratungsfirmen, die im Outsourcing- und MNS-Geschäft tätig sind, werden zuweilen auch als "Computerless Computer Companies" bezeichnet, weil sie selber keine Hardware herstellen. Häufig bestehen aber stark bindende Kooperationsverträge mit Hardwarelieferanten.

- *Grossunternehmen*, die zwar eigene Kommunikationsnetze betreiben aber nicht primär Produkte und Dienstleistungen im Informations- und Telekommunikationsbereich produzieren oder erbringen, können ebenfalls als MNS-Anbieter auftreten.

• *Regionale Anbieter* beschränken sich mit ihren Dienstangeboten auf einen geographisch begrenzten Raum. In diesem Raum erreichen sie in der Regel eine überdurschnittlich hohe Knotendichte.

Nicht selten sind MNS-Anbieter aus den Telekommunikationsabteilungen von Grossunternehmen hervorgegangen; sie haben sukzessive weitere Kunden bedient und sich verselbständigt. Hier ist etwa der deutsche Anbieter Debis zu nennen, der sich aus dem Daimler-Benz Konzern heraus zu einer selbständigen Tochtergesellschaft entwickelt hat.

5.2 Fallbeispiele

In diesem Unterkapitel werden exemplarisch einige MNS-Angebote vorgestellt [Stü93]. Die Angaben stammen in erster Linie von den Anbietern selbst. Aus den entsprechenden Unterlagen geht aber zum Teil nicht genau hervor, ob und in welchem Ausmass die angebotenen Dienste bereits im kommerziellen Einsatz stehen. Im folgenden soll es deshalb nicht darum gehen, eine vollständige Marktübersicht zu bieten; stattdessen werden exemplarisch ein paar typische Angebote vorgestellt. Die Beispiele sind jeweils als Vertreter der oben genannten Klassen von MNS-Anbietern zu verstehen.

5.2.1 BT und Syncordia

Der ehemals staatliche Netzbetreiber BT wurde 1984 — als Teil umfassender Privatisierungsbestrebungen der Regierung Thatcher — privatisiert. In der Folge erschloss sich BT neue Aktionsgebiete und hat im internationalen Telekommunikationsmarkt eine bedeutende Position errungen.

Unter der Bezeichnung *Global Network Services* (GNS) bietet BT auf ihrem Netz (TYMNET) eine breite Palette von Telekommunikationsdiensten an; sie reicht von asynchronen Übertragungs- und OSI-Diensten, bis hin zur Unterstützung von herstellerspezifischen und proprietären Netzarchitekturen.

Weil GNS auf internationaler Ebene verfügbar ist und in wichtigen Wirtschaftszentren ein Support rund um die Uhr gewährleistet werden kann, ist der Dienst vor allem für internationale Grosskunden geeignet. In Gebieten, in denen BT eigene Knoten unterhält, können die Dienste End-zu-End angeboten werden. In anderen Regionen bestehen Anschlussmöglichkeiten mit verminderten Funktionalitäten. Eine Zusammenarbeit mit regionalen MNS-Anbietern ist hier möglich.

BT hat sich so organisiert, dass einem Kunden jeweils eine einzige Kontaktperson als Ansprechpartner zur Verfügung steht. Die Kontaktperson führt die Verhandlungen mit den Lieferanten, Installateuren und Netzbetreibern in den jeweiligen Staaten. BT legt grossen Wert auf die Tatsache, dass sie die Telekommunikation als Kerngeschäft betreibt.

Um auf dem dynamischen Telekommunikationsmarkt flexibler reagieren zu können, hat BT für die Abwicklung von Outsourcing- und MNS-Aufträgen 1991 die Tochtergesellschaft *Syncordia* gegründet. Die Angebote von Syncordia basieren sowohl auf denjenigen von BT, als auch auf Dienstleistungen von Dritten. Syncordia tritt gegenüber dem Kunden als Outsourcing-Generalunternehmer auf.

Sowohl die Netzinfrastruktur als auch die angebotenen Dienste werden zurzeit in hohem Tempo ausgebaut. Syncordia plant und installiert Kundennetze, übernimmt nach Bedarf bestehende Ausrüstungen und betreibt und überwacht diese Netze.

Syncordia sieht als seinen typischen Kunden ein multinational tätiges Unternehmen mit dynamischen und komplexen Kommunikationsbedürfnissen. Grossen Wert legt die noch junge Gesellschaft auf ein flexibles Eingehen auf Kundenwünsche. So sind sehr individuelle Lösungen aushandelbar. Beispielsweise kann das Netzmanagement zwischen Syncordia und dem Kunden zeitlich aufgeteilt werden: Während den Bürozeiten kontrolliert der Kunde sein Netz selbst, während in der Nacht und am Wochenende Syncordia die Netzüberwachung übernimmt.

BT hat die Tatsache, als erste europäische Telekommunikationsgesellschaft privatisiert worden zu sein, geschickt ausgenutzt hat, um sich auf dem internationalen Telekommunikationsmarkt eine bedeutsame Position zu erringen. Weil die Möglichkeiten zur Expansion in Grossbritannien selbst relativ beschränkt waren, drängten sich neue Aktionsgebiete auf dem europäischen Festland und in anderen Kontinenten auf. BT hat sich innert kurzer Zeit zu einem "Global Player" entwickelt. Dabei wird ein vergleichsweise aggressives Marketing betrieben. Die Schaffung der selbständig auftretenden Tochterfirma Syncordia dürfte sich angesichts der Grösse von BT als geeignet erweisen, um in Outsourcingfragen individueller auf Kundenwünsche eingehen zu können. Mit der Gründung einer Joint-Venture-Gesellschaft mit MCI hat sich BT gerade erst einen guten Zugang zum nordamerikanischen Telekommunikationsmarkt geschaffen.

5.2.2 Infonet

Telekommunikationsgesellschaft	Beteiligung
MCI	25 %
DBP Telekom	16 %
Transpac	16 %
PTT Telecom Netherlands	5.4 %
RTT Belgium	5.4 %
Singapore Telecom International	5.4 %
Swedish Telecom International	5.4 %
Telecom Australia	5.4 %
Telefonica International	5.4 %
KDD	5 %
Schweizerische Telecom PTT	5 %

Tabelle 5.1: Beteiligungen an Infonet

Infonet wurde als Beispiel einer von öffentlichen Netzbetreibern getragenen Telekommunikationsgesellschaft unter 3.5.1 bereits genannt. Die Gesellschaft wurde zu Beginn der 70er Jahre von der *Computer Sciences Corporation* (CSC) gegründet. Ende 1988 bot CSC hauptsächlich europäischen Telekommunikationsgesellschaften an, sich am Aktienkapital von Infonet zu beteiligen. Neben CSC sind heute an Infonet noch MCI, DBP Telekom, Transpac (Frankreich), PTT Telecom

(Niederlande), RTT (Belgien), Singapore Telecom International, Swe-
dish Telecom International, Telecom Australia, Telefonica International
(Spanien), KDD und die schweizerische Telecom PTT beteiligt [Aeb91].
Tabelle 5.1 zeigt die entsprechenden Anteile.

Infonet ist auf multinational agierende Kunden spezialisiert; das Angebot ist als Ergänzung zu den Angeboten der nationalen PTT-Betriebe
zu sehen. Unterstützt werden eine Vielzahl von Kommunikationsdiensten und -protokollen. Im Hinblick auf MNS sind vor allem zwei Dienste
von Bedeutung:

1. Als *Virtual Private Data Networks* (VPDN) bietet Infonet auf der
   Basis von X.25- und TCP/IP-Netzen MNS-Dienste an. Verschiedene Netztopologien stehen zur Auswahl. Ein VPDN wird pau-
   schal abgerechnet, wobei die Kosten von den Übertragungskapazitäten, der gewählten Netztopologie, sowie von der geographischen Verteilung der Knoten abhängen.

2. *Enterprise Defined Network Service* (EDNS) ist ein Dienst, bei
   dem der Kunde mehr Freiraum bei der Gestaltung des Unternehmensnetzes hat. Es steht ihm ein von anderen Kunden ab-
   getrenntes Netz zur Verfügung und er kann Geräte und Protokolle
   weitgehend seinen Bedürfnissen anpassen. Natürlich ist EDNS im
   Vergleich zu VPDN für den Kunden auch teurer.

Infonet profitiert von der Kompetenz und Erfahrung der beteiligten
Telekommunikationsgesellschaften. Im Vergleich zu anderen internationalen MNS-Anbietern ist Infonet ein nicht so homogenes Gebilde; die
Zusammenarbeit gestaltet sich z.b. weniger intensiv, als dies bei Unisource der Fall ist. Auf Unisource wird am Ende dieses Kapitels noch
eingegangen.

5.2.3 IBM

In der Einleitung wurde bereits vermerkt, dass der Hardwarehersteller
IBM ein unternehmensweites Kommunikationsnetz unterhält, mit dem

er in mehr als 90 Ländern vertreten ist und dabei über eine Million IBM-interne und -externe Benutzer verbindet.

IBM hatte mit dem Aufbau des Netzes bereits in den 50er Jahren begonnen. Damals handelte es sich allerdings noch nicht um ein einheitliches und integriertes Kommunikationsnetz; für jeden Direktionsbereich wurde stattdessen ein separates Netz aufgebaut. Diese Netze wurden erst später zu einem unternehmensweiten Kommunikationsnetz zusammengefasst. Das Netz wird heute als *IBM Information Network* bezeichnet.

Bereits seit mehreren Jahren und mit beachtlichem Erfolg wird das IBM Information Network auch externen Kunden zur Verfügung gestellt. Angesichts der Erosion der Hardwarepreise ist ein verstärktes Eintreten von IBM in das Dienstleistungsgeschäft und in den MNS-Markt mehr als verständlich. Hier liegt für den zur Zeit etwas angeschlagenen Hardwarehersteller noch ein Wachstumspotential.

Aufgrund des starken Trends zu offenen Systemen wird es auch für Hardwarehersteller immer wichtiger, dass sie sich von proprietären Standards lösen und offene Systemarchitekturen unterstüzen können. Schrittweise werden im IBM Information Network deshalb neben proprietären Standards, wie SNA, auch internationale Standards, wie TCP/IP oder OSI, angeboten. Damit kann IBM auch Kunden gewinnen, die keine herstellerspezifische Hardware einsetzen.

Im IBM Information Network kann der Kunde eine ganze Reihe von Mehrwertdiensten, wie E-Mail, EDI oder Dateitransfer, nutzen. Als vorteilhaft hebt IBM dabei die gute lokale Vertretung und die für den Kunden transparente und den effektiven Kosten entsprechende Tarifierung hervor. Auch IBM sucht die Zusammenarbeit von regionalen Netzanbietern, mit denen in Gebieten, in denen IBM selbst keine oder zuwenig Knoten unterhält, neue Kundenkreise erschlossen werden können.

In den USA hat IBM mit der *Integrated Systems Solutions Corporation* (ISSC) eine auf das Outsourcing-Geschäft spezialisierte Tochtergesellschaft gegründet. ISSC selbst besitzt eine auf MNS spezialisierte Tochterfirma.

5.2.4 EDS

Die *Electronic Data Systems Corporation* (EDS) wurde als Dienstleistungsunternehmen 1962 gegründet und 1984 an *General Motors* (GM) verkauft. Einen grossen Teil seines Umsatzes erwirtschaftet EDS heute zwar innerhalb des GM-Konzerns, doch gehen die Bestrebungen dahin, den GM-externen Anteil in Zukunft markant zu steigern. EDS gilt im Informations- und Kommunikationsbereich als mit Abstand grösster Outsourcing-Anbieter.

EDS verfügt zwar mit EDSNET bereits über ein eigenes internationales Konzernnetz, sucht aber dennoch nach regionalen, nationalen und internationalen Kooperationspartnern. Als "Computerless Computer Company" unterhält sie enge Geschäftsbeziehungen mit IBM.

Die Angebote von EDS richten sich vor allem an Unternehmen, die ihren gesamten Informations- und Telekommunikationsbereich an einen MNS-Anbieter auslagern möchten. Für diese Art umfassender Dienstleistung besitzt EDS langjährige Erfahrungen.

5.2.5 SBG

Unter dem Namen *Ubinet* (UBS Integrated Network) hat die *Schweizerische Bankgesellschaft* (SBG) ein unternehmensweites Kommunikationsnetz aufgebaut. Ubinet ist ein vor allem auf die internationalen Finanzplätze ausgerichtetes Netz für die Daten-, Sprach- und Bildübertragung. Es ist stark redundant ausgelegt.

Es ist die primäre Aufgabe von Ubinet, die Niederlassungen der SBG mit Telekommunikationsdiensten zu versorgen. Indem diese Dienste im Rahmen von *UBS Network Service* einem weiteren Benutzerkreis angeboten werden, will die SBG die Wirtschaftlichkeit und Marktfähigkeit ihres Netzes unter Beweis zu stellen. Angeboten werden unter anderem die folgenden Dienste:

- *Managed Link Service*: Fest zugeteilte virtuelle Kanäle mit Bandbreiten bis 2 Mbps.

- *Managed Voice Service*: Digitale, chiffrierte Sprachverbindungen, die geschaltet oder permanent sein können.

- *Router Service*: Transparente Verbindungen zwischen geographisch abgesetzten lokalen Netzen.

- *X.25 Packet Switched Service*: Paketvermittelter Datenübertragungsdienst, der eine Datenchiffrierung und -dechiffrierung umfasst.

Die grossen Telekommunikationsanbieter bezeichnen die Dienstangebote von Anbietern, die ihre Kernaktivitäten weder im Informations- noch im Kommunikationsbereich haben, manchmal auch etwas abschätzig als "Abfallprodukte". Damit wird auf das Vermarkten von überschüssigen Übertragungskapazitäten an Dritte angespielt. In diesem Zusammenhang muss aber speziell darauf hingewiesen werden, dass auch diese Anbieter ein grosses Interesse an einwandfrei funktionierenden Kommunikationsnetzen haben müssen, was auch ihren Kunden zugute kommt.

Neben der Qualität der Netze muss ein potentieller MNS-Kunde natürlich auch prüfen, ob die geographische Lage der zur Verfügung stehenden Netzknoten seinen Bedürfnissen entspricht, und wie flexibel der Anbieter auf das Bedienen von neuen Standorten reagieren kann und will. Ubinet stellt diesbezüglich eine interessante Möglichkeit für Kunden dar, die sich auf den internationalen Finanzplätzen bewegen. Allerdings kann es hier auch zu Berührungsängsten kommen, weil die ideale Kundengruppe von Ubinet gleichzeitig in Konkurrenz zum Anbieter steht. Dieses Problem stellt sich zwar auch in anderen Branchen, doch dürfte die Finanzwelt hier besonders sensibel reagieren.

Heute hat die SBG mit UBS Network Service noch einen vergleichsmässig kleinen externen Kundenkreis. Dass in der Schweiz der Telekommunikationsmarkt erst 1992 liberalisiert worden ist, dürfte dabei mit ein Grund sein. Mittel- bis langfristig will die SBG einen externen Kundenanteil von 20% erreichen. Dabei ist es durchaus möglich, dass das heutige Profit Center UBS Network Services aus der Bank herausgelöst und zu einer selbständigen Gesellschaft gemacht wird. Diese

Tendenz lässt sich auch bei Telekommunikationsabteilungen von anderen Unternehmen feststellen. In jedem Fall wird die SBG aber der Hauptkunde bleiben.

5.2.6   Ascom Timeplex

Der Telekommunikationskonzern *Ascom* hat in seiner letzten Reorganisationsphase der zunehmenden Bedeutung von unternehmensweiten Kommunikationsnetzen Rechnung getragen und mit Ascom *Enterprise Networks Switzerland* (ENS) ein entsprechendes strategisches Geschäftsfeld definiert.

Ascom betreibt mit der 1991 übernommenen Firma *Timeplex* ein eigenes Konzernnetz, das zur Zeit ausschliesslich für interne Zwecke genutzt wird. Die Netze, die im Rahmen von Outsourcing-Verträgen für Kunden entworfen, aufgebaut und betrieben werden, gehören den Kunden. Die entsprechenden *Ascom Professional Network Services* (proNETS) unterscheiden sich von allen bisher besprochenen Angeboten, weil die unternehmensweiten Kommunikationsnetze der Kunden nicht auf dem Netz des Anbieters realisiert sind. Wenn aber Ascom im Auftrag des Kunden die Verhandlungen mit den Netzbetreibern führt, dann schwinden die auf den ersten Blick grossen Unterschiede zwischen Ascom proNETS und MNS. Vorteile ergeben sich aus der Tatsache, dass die ordnungspolitischen und regulatorischen Einschränkungen für Ascom proNETS kleiner sind als für MNS, weil das Netz nicht dem Anbieter gehört und damit auch keine Konkurrenz zu den öffentlichen Netzen darstellt. Allerdings fallen dabei auch die für MNS wichtigen Grössenvorteile weg, weil jeder Kunde über ein eigenes Netz verfügen muss.

ProNETS setzt sich aus den Dienstkategorien WAN Services, LAN Services Integrated Services und Network Management zusammen. Diese Dienstkategorien sind ihrerseits wieder in Einzelmodule aufgeteilt. Der Modul Centralized Network Management Service aus der Kategorie Network Management ermöglicht z.B. die vollständige oder teilzeitliche Übernahme der Verwaltung eines unternehmensweiten Kommunikationsnetzes. Diese Verwaltung umfasst Network Monitoring, Fault Management, Network Configuration und Security Management. Ferner kann sich der Kunde beim Netzentwurf und bei der Netzoptimierung, sowie bei zukünftigen Ausbauplänen beraten und unterstützen lassen.

5.2.7 BEDAG

Die *Bernische Datenverarbeitungs AG* (BEDAG) betreibt seit 1970 ein Rechenzentrum, das von der kantonalen Staatsverwaltung, der Universität Bern, sowie von einigen kleineren Partnerfirmen genutzt wird. Das Unternehmen hat sich auch aufgrund seiner Entstehungsgeschichte schon relativ früh mit den Möglichkeiten von Outsourcing befasst. Nach einer strukturellen Reorganisation und einer wirtschaftlichen Privatisierung konnten sowohl das Angebot als auch der Kundenkreis der BEDAG Informatik AG deutlich erweitert werden. Neben der kantonalen Verwaltung, die immer noch der Hauptauftraggeber der BEDAG ist, werden heute MNS auch auf dem freien Markt angeboten.

Im Kanton Bern betreibt die BEDAG mit *BInet* ein regionales Kommunikationsnetz. In ihrem Rechenzentrum und im BInet bietet die BEDAG Informations- und Kommunikationsdienste an. Das MNS-Angebot der BEDAG richtet sich in erster Linie an regionale Kunden. So hat die bernische Steuerverwaltung z.B. einen MNS abonniert, bei dem 11 Standorte und ein Rechenzentrum zusammengeschlossen sind. Nun werden neue Kunden gesucht, um die Netzkapazitäten besser auszunutzen und Synergien wahrzunehmen.

Interessant ist die sich abzeichnende Zusammenarbeit mit internationalen Telekommunikationsanbietern: Die Kunden des regionalen Anbieters erhalten so eine Möglichkeit, das Neteineses internationalen Anbieters zu nutzen, während dieser sein Netin deriRegione rs ausbauen und eine erhöhte Knotendichte erreichen kann. Für beide Seiten ergeben sich Vorteile.

Das MNS-Angebot der BEDAG Informatik AG ist noch jung und muss sich noch bewähren. Mit seiner regional hohen Knotendichte und der Option zur Zusammenarbeit mit internationalen Telekommunikationsanbietern scheint die BEDAG aber einen interessanten Nischenmarkt gefunden zu haben.

5.2.8   Schweizerische Bundesbahnen

Alle bisher vorgestellten Outsourcing- und MNS-Anbieter sind nicht die
effektiven Besitzer der Netze, auf denen sie anbieten. Stattdessen bedienen sie sich der von öffentlichen Netzbetreibern angebotenen Telekommunikationsdienste oder verwalten — wie im Fall von Ascom — direkt
die Kundennetze.

Es stellt sich die Frage, wie die Situation für Netze aussieht, die vom
Netzmonopol ausgenommen sind. In der Schweiz sind dies die Netze
des Militärs, des öffentlichen Verkehrs, sowie der Elektrizitätswirtschaft.
Exemplarisch wird im folgenden die Situation bei den *Schweizerischen
Bundesbahnen* (SBB) betrachtet.

Die SBB besitzen und betreiben heute das grösste private Netz in
der Schweiz. Die Netzinfrastruktur basiert auf bahneigenen Leitungen.
Die gesetzlichen Bestimmungen erlauben es den SBB jedoch nicht, auf
ihrem Netz Telekommunikationsdienste anzubieten. Nur Betriebe, deren Kommunikationsbedürfnisse in engem Zusammenhang mit der Bahn
stehen, dürfen die Netze mitbenutzen; dazu gehören nicht nur bahnei-
gene Abteilungen, sondern zum Teil auch SBB-Kunden.

Die SBB wären an einer Möglichkeit interessiert, ihre Netzkapazitäten einem weiteren Kundenkreis zu öffnen. Entsprechende Äusse-
rungen seitens der SBB haben in der politischen Landschaft der Schweiz
einigen Staub aufgewirbelt. Ein eigenständiges Anbieten von Telekommunikationsdiensten auf dem Netz der SBB ist ohne Gesetzesänderung
zurzeit nicht möglich. Möglich wäre dagegen eine engere Zusammenarbeit mit der Telecom PTT. Solche Kooperationen werden diskutiert;
dabei scheint das Interesse seitens der SBB grösser zu sein als seitens
der Telecom PTT.

5.3   Schlussbemerkungen

Die diskutierten Fallbeispiele haben gezeigt, dass sich sehr viele verschiedene Outsourcing- und MNS-Anbieter auf den nationalen und internationalen Telekommunikationsmärkten bewegen. Sie betreiben die Tele-

kommunikation entweder als Kern- oder als Nebengeschäft. In beiden Fällen wollen sie durch eine verbesserte Auslastung von Netzressourcen Kosten senken; möglicherweise wollen sie auch Synergieeffekte ausnutzen und Kundenbeziehungen festigen.

Die verschiedenen Outsourcing- und MNS-Angebote überschneiden sich nur zum Teil, und nicht jeder Anbieter steht zu jedem anderen Anbieter in direkter Konkurrenz. Trotzdem zeichnet sich mittelfristig ein hart geführter Wettbewerb ab, der mit hoher Wahrscheinlichkeit zu einer Marktbereinigung und zu einigen wenigen grossen Outsourcing- und MNS-Anbietern führen wird. Erste Anzeichen dafür sind Kooperationsverträge, wie sie z.B. zwischen BT und MCI abgeschlossen worden sind. Ob es dabei zu einem ähnlich zerstörerischen Wettbewerb kommen wird, wie er zurzeit unter den Fluggesellschaften herrscht, bleibt abzuwarten.

Es drängt sich die Frage auf, wie die nationalen PTT-Betriebe als öffentliche Netzbetreiber auf die veränderte Situation in den nationalen und internationalen Telekommunikationsmärkten reagieren, und wie sie dem gestiegenen Konkurrenzdruck entgegenwirken.

Weil die Anbieter von Telekommunikationsdiensten aufgrund der (noch geltenden) Netzmonopole nicht umhin kommen, ihre eigenen Netze auf der Basis von in öffentlichen Netzen angebotenen Übertragungskapazitäten aufzubauen, haben die PTT-Betriebe über die Tarifgestaltung in den öffentlichen Netzen einen direkten und nicht unerheblichen Einfluss auf die marktspezifischen Gestaltungsmöglichkeiten von Outsourcing- und MNS-Anbietern. Dieser Einfluss wird dadurch etwas begrenzt, dass die Tarifgestaltung in öffentlichen Netzen meist Gegenstand politischer Diskussionen ist.

Längerfristig wird der verstärkte Konkurrenzdruck zu neuen Angeboten im In- und Ausland führen. Die DBP Telekom bietet z.B. bereits heute verschiedene Outsourcing- und MNS-Verträge an; sie richten sich primär an nationale und internationale Grosskunden, die ihre unternehmensweiten Kommunikationsnetze von der DBP Telekom aufbauen, betreiben und verwalten lassen wollen.

Die PTT-Betriebe versuchen auch auf internationaler Ebene Kooperationsverträge abzuschliessen. Auf die Beteiligung der schweizerischen

Telecom PTT an Infonet wurde bereits hingewiesen. France Télécom und die DBP Telekom haben die Gesellschaft *Eunetcom* gegründet. Die schwedische und die niederländische PTT-Telecom tragen zusammen mit der schweizerischen Telecom PTT die Gesellschaft *Unisource*, um gemeinsamen auf dem internationalen Telekommunikationsmarkt aufzutreten. Die drei Partnergesellschaften sind alleine jeweils zu klein, um international erfolgreich zu sein; zusammen stellen sie jedoch einen der grössten Betreiber von Datennetzen dar. Unisource soll die Partner in die Lage versetzen, ihren Kunden weltweit Telekommunikationsdienste anzubieten; dazu werden weitere Partner gesucht.

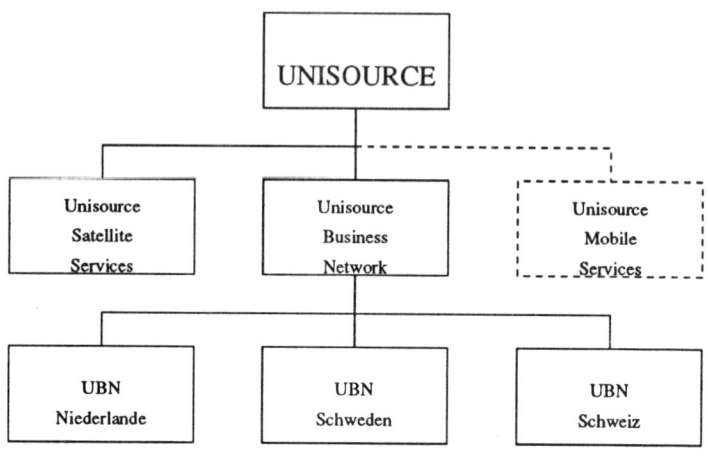

Abbildung 5.1: Organigramm von Unisource

Abbildung 5.1 zeigt das Organigramm von Unisource. Demnach existieren mit *Unisource Satellite Services* (USS) und *Unisource Business Networks* (UBN) bereits zwei Betriebsgesellschaften für die Vermarktung von Satelliten- und MNS-Diensten. Die Kooperation der Unisource-Partner gestaltet sich intensiver, als dies z.B. bei Infonet der Fall ist. Zudem wird erwartet, dass sich Unisource noch diversifizieren wird, d.h. dass die an Unisource beteiligten Partner noch andere Geschäftsbereiche an USS oder UBN abtreten werden, bzw. dass neue Betriebsgesellschaften ins Leben gerufen werden. Denkbar wäre z.B. eine Betriebsgesellschaft für mobile Dienste. In Abbildung 5.1 ist eine solche Betriebsgesellschaft bereits angedeutet.

Abschliessend sei noch einmal mit besonderem Nachdruck darauf hingewiesen, dass MNS nicht in jedem Fall die richtige Antwort auf alle unternehmensweiten Kommunikationsprobleme sind. Sorgfältig geplant, können einem Unternehmen aber mit MNS Aufgaben abgenommen werden, die extern kostengünstiger und wohl auch qualitativ besser erbracht werden; das Unternehmen wird von Aufgaben befreit, die nicht zu seinen eigentlichen Kerngeschäften zählen.

Kapitel 6

"Make-or-Buy"-Entscheid

Nachdem im vierten Kapitel ein Rahmenmodell und eine Methode für die Analyse, Entwurf und Optimierung von bedürfnisgerechten unternehmensweiten Kommunikationsnetzen und im fünften Kapitel entsprechende Möglichkeiten zum Auslagern und Fremdbeziehen von Kommunikationsdienstleistungen vorgestellt worden sind, werden in diesem Kapitel Schlussfolgerungen im Hinblick auf einen "Make-or-Buy"-Entscheid gezogen. Bei diesem Entscheid geht es im wesentlichen um die Frage, ob und wieviel Kommunikationsaufgaben ein Unternehmen auslagern und entsprechende Dienstleistungen fremdbeziehen soll.

Im ersten Unterkapitel werden anhand von konkreten Entscheidungsfaktoren die Vor- und Nachteile der verschiedenen Handlungsalternativen aufgezeigt und erläutert. Im zweiten Unterkapitel rundet ein Schlusswort das Buch ab.

6.1 Entscheidungsfaktoren

Ein *Entscheidungsfaktor* bezeichnet einen Themenbereich, in dem sich zur Verfügung stehende Handlungsalternativen unterscheiden. Solche Entscheidungsfaktoren gibt es auch für den "Make-or-Buy"-Entscheid im Telekommunikationsbereich, und diese Entscheidungsfaktoren beein-

flussen direkt oder indirekt die Frage, ob ein Unternehmen ein Kommunikationsnetz selbst entwerfen, aufbauen und betreiben oder die Aufgaben
auslagern und entsprechende Dienstleistungen fremdbeziehen soll.

Als Entscheidungsfaktoren werden in den folgenden Abschnitten
Kontrollmöglichkeiten, Kosten, One-Stop Shopping und One-Stop Billing, Zeit und Flexibilität, Technologiemigration, Personal und Sicherheit diskutiert.

6.1.1 Kontrollmöglichkeiten

Aufgrund ihrer grossen strategischen Bedeutung, kommt den unternehmensweiten Kommunikationsnetzen, bzw. der Möglichkeit zur Kontrolle
dieser Netze, ein entsprechend hoher Stellenwert zu.

Baut ein Unternehmen ein Kommunikationsnetz selbst auf und betreibt dieses Netz auch selbst, dann hat es auch weitgehende Kontrollmöglichkeiten über das Netz. Anders verhält es sich, wenn das Unternehmen Teile oder den gesamten Netzaufbau und -betrieb ausgelagert
hat. Eine direkte Einflussnahme des Unternehmens auf den Netzbetrieb
ist dann nicht mehr oder nur noch beschränkt möglich. MNS zeichnen
sich gerade dadurch aus, dass die Kunden die Kontrolle und damit im
vertraglich definierten Rahmen auch die Verantwortung über die Netze
den entsprechenden Dienstanbietern übergeben.

Neben der Übergabe der rein technischen Kontrollmöglichkeiten über
das Netz, besteht bei MNS natürlich auch die Gefahr, dass dem Unternehmen längerfristig das für einen selbständigen Netzbetrieb erforderliche Fachwissen abhanden kommt. In einem sich rasch entwickelnden
technologischen Umfeld wie der Telekommunikation kann ein solcher
Verlust unter Umständen unwiderruflich sein. Werden MNS-Verträge
aufgelöst oder nicht erneuert, dann sieht sich das Unternehmen ernst-
haften Problemen konfrontiert.

Glaubt man den Angaben der MNS-Anbieter, dann ist der Anteil der aufgelösten oder nicht erneuerten Verträge nicht sehr gross.
Daraus aber eine vorbehaltlose Zufriedenheit der Kunden abzuleiten,
wäre aber falsch. Es können sich durchaus Spannungen und Unzufrie-

denheiten einstellen, ohne dass es gleich zu Vertragsauflösungen und -nichterneuerungen kommt.

Im Zusammenhang mit Outsourcing- und MNS-Verträgen gilt es auch zu beachten, dass sich die Anbieter während ihrer mehrjährigen Zusammenarbeit ein grosses Wissen über betriebinterne Strukturen der bedienten Unternehmen aneignen können. Für eine optimale Diensterbringung ist dies zwar wichtig und zu begrüssen, es kann aber gleichzeitig auch zu Abhängigkeiten und Vertrauensbrüchen kommen:

- Es wird seitens der MNS-Anbieter nicht bestritten, dass durch Outsourcing-Verträge *Abhängigkeiten* entstehen können, und dass ein Risiko darin besteht, dass sich die Bedürfnisse eines Kunden entgegen den Verträgen und Vorstellungen des Anbieters entwickeln. Ein Kunde könnte sich dann an einen Vertrag gebunden sehen, der seinen Anforderungen nicht mehr genügt. Für solche Fälle sollte das Vorgehen bei einer Vertragsauflösung oder -kündigung geklärt sein. Eine Übergangsregelung ist vertraglich vorzusehen, um in der Übergangszeit Schwierigkeiten vorzubeugen. Eine besonders grosse Abhängigkeit entsteht natürlich dann, wenn ein Anbieter die ganze oder einen grossen Teil der Belegschaft des Kunden zur Erbringung seiner Dienstleistung übernommen hat; eine im Outsourcing-Geschäft übliche Praxis.

- Zu einem *Vertrauensbruch* kann es kommen, wenn ein MNS-Anbieter im Rahmen seiner Tätigkeit Zugang zu Informationen erhält, die aus Konkurrenzgründen nicht an andere Unternehmen gelangen dürfen. Sicherheitsspezifische Aspekte von unternehmensweiten Kommunikationsnetzen und MNS werden unter 6.1.7 noch untersucht.

Ein Unternehmen wird konkrete MNS-Angebote daraufhin untersuchen und prüfen müssen, ob die ihm vertraglich zugesicherten Kontrollmöglichkeiten ausreichend sind.

6.1.2 Kosten

In Bezug auf die Kosten für den Aufbau und Betrieb von unternehmensweiten Kommunikationsnetzen kann man davon ausgehen, dass MNS-Lösungen in der Regel wirtschaftlicher sind als entsprechende Eigenleistungen: Aufgrund der Tatsache, dass die technischen, personellen und organisatorischen Betriebsmittel eines MNS-Anbieters gleichzeitig von mehrerern Kunden benutzt werden können, ergeben sich geringere Betriebskosten pro Kunde, und damit insgesamt eine höhere Auslastung und Rentabilität der Netze.

Allerdings ist es für ein Unternehmen nicht ganz einfach, diese Rechnung durchzuführen und die Kosten eines MNS-Angebotes dem für den Aufbau und Betrieb eines gleichwertigen Netzes erforderlichen Aufwand gegenüberzustellen. Zum einen bestehen Unsicherheiten in Bezug auf die Kosten des eigenen Netzes, und zum anderen sind die beiden Möglichkeiten auch in Bezug auf ihre Funktionalitäten nicht direkt vergleichbar. MNS bieten in der Regel weitergehende Netzverwaltungsmöglichkeiten als firmeneigene Kommunikationsnetze.

6.1.3 One-Stop Shopping und One-Stop Billing

Im zweiten Kapitel wurde gezeigt, wie sich die ordnungspolitischen Rahmenbedingungen und damit auch die entsprechenden Dienstangebote sowohl für den Aufbau und Betrieb von unternehmensweiten Kommunikationsnetzen als auch für das Anbieten von MNS zwischen den verschiedenen Staaten zum Teil erheblich unterscheiden. Ein Unternehmen, das auf internationaler Ebene ein Kommunikationsnetz aufbauen und betreiben will, muss mit den Behörden und Telekommunikationsanbietern in den betroffenen Staaten aufwendige und zum teil langwierige Verhandlungen führen. Zudem werden die Telekommunikationsanbieter ihre Dienste separat in Rechnung stellen; die Höhe der Rechnungen ist dann abhängig vom Benutzungsgrad der Dienste. Weil dieser Benutzungsgrad aber variiert, können Telekommunikationskosten nicht bzw. nicht hinreichend genau, budgetiert werden.

Aufgrund dieser Verhandlungs- und Budgetierungsschwierigkeiten gehen MNS-Anbieter in zunehmendem Mass dazu über, One-Stop Shopping und One-Stop Billing anzubieten. Die Begriffe wurden bereits in der Einleitung genannt: One-Stop Shopping bezeichnet das Verhandeln mit nur einem Vertragspartner und One-Stop Billing die pauschale Verrechnung von Netzbetriebs-, -unterhalts- und Kommunikationskosten. Mit Hilfe von One-Stop Billing lassen sich Telekommunikationskosten sehr genau bugdetieren; überraschende Kostensteigerungen und Budgetüberschreitungen bleiben aus.

One-Stop Shopping und One-Stop Billing werden immer wichtiger und entwickeln sich zusehends zu einem starken Argument für den Fremdbezug von Telekommunikationsdienstleistungen.

6.1.4 Zeit und Flexibilität

Die zum Aufbau und Inbetriebnahme einer unternehmensweiten Kommunikationslösung zur Verfügung stehende Zeit kann ebenfalls einen "Make-or-Buy"-Entscheid prägen. So steht ein MNS in der Regel deutlich schneller zur Verfügung, als ein entsprechendes unternehmensweites Kommunikationsnetz, das neu zu entwerfen, aufzubauen und in Betrieb zu nehmen ist. Ein Unternehmen, das auf eine möglichst rasche Verfügbarkeit seiner Kommunikationslösung angewiesen ist, wird sich deshalb aus zeitlichen Gründen für MNS entscheiden müssen.

Zudem gibt es Unternehmen, deren Kommunikationsbedürfnisse und -strukturen im Laufe der Zeit sehr starken Schwankungen unterworfen sind. So machen es Akquisitionen und Firmenverkäufe z.B. erforderlich, dass sich unternehmensweite Kommunikationslösungen laufend anpassen und erweitern lassen. Während sich firmenintern aufgebaute und verwaltete unternehmensweite Kommunikationsnetze oft nur schwer ändern lassen, bieten MNS-Verträge sehr flexible und individuell aushandelbare Kommunikationslösungen an.

Sowohl in Bezug auf die zeitliche Verfügbarkeit als auch in Bezug auf die Flexibilität des Angebots bieten MNS-Verträge meist Vorteile gegenüber dem selbständigen Aufbau und Betrieb von unternehmens-

weiten Kommunikationsnetzen. Allerdings hängt es vom Verhandlungs-
geschick des Kunden ab, ob und wie stark er sich diese Vorteile auch
zunutze machen kann.

6.1.5 Technologiemigration

Bei MNS-Anbietern handelt es sich meist um Unternehmen, die sich
auf die Telekommunikation spezialisiert haben, und die ihre Hard- und
Softwarekomponenten in kürzeren Zyklen erneuern können, als dies Unternehmen mit eigenen Netzen tun können. MNS-Verträge ermöglichen
es den Kunden denn auch, auf moderne Technologien zurückzugreifen
und mit der technologischen Entwicklung zu gehen, ohne das Risiko von
Fehlinvestitionen selbst tragen zu müssen.

Dagegen kann es sein, dass ein Unternehmen, das sich im Rahmen
von MNS mit anderen Unternehmen in den Gebrauch eines Netzes teilt,
auf technischer Seite einige Konzessionen eingehen muss, insbesondere
was die Ausgestaltung der unteren Netzschichten betrifft. Die Auswahl
aus einer breiten Palette von Geräten und Übertragungsprotokollen ist
zwar bei den meisten MNS-Verträgen möglich, kann aber — insbesondere wenn der Anbieter seine Netze anpassen oder verändern muss —
für den Kunden mit deutlich höheren Kosten verbunden sein.

Weil ein Anbieter gleichzeitig verschiedene Kundeninteressen zu
berücksichtigen hat, besteht für einen Kunden immer die Gefahr, dass
er in bestimmten Situationen nicht mit hinreichend grosser Priorität
behandelt und bedient wird. Eine firmeneigene Telekommunikationsabteilung wird hier sicher gezielter auf die betrieblichen Kommunikationsbedürfnisse eintreten und reagieren können.

6.1.6 Personal

Der Aufbau und Betrieb eines unternehmensweiten Kommunikationsnetzes erfordert viel Fachwissen und setzt den Einsatz von entsprechend
hochqualifiziertem Personal voraus. Dieses Personal ist schwer zu rek-
rutieren und ist mit hohen Aus- und Weiterbildungskosten verbunden.

Zudem besteht die Gefahr, dass fähige Mitarbeiter und Mitarbeiterinnen durch Konkurrenten abgeworben werden. Mit dem Entscheid für eine Auslagerung und einen Fremdbezug von Telekommunikationsdienstleistungen kann sich ein Unternehmen seiner Personalprobleme in diesem Bereich entledigen und seine Telekommunikationsabteilung auf eine minimale Bestandesgrösse reduzieren. Für die Rekrutierung, sowie die Aus- und Weiterbildung von Telekommunikationsexperten und -expertinnen ist dann der MNS-Anbieter zuständig.

Zwischen den Telekommunikationsabteilungen und den übrigen Einheiten von Unternehmen ist es in der Vergangenheit oft schon zu Auseinandersetzungen um Einfluss und Kompetenzen gekommen, was zu unschönen und unnötigen Seiteneffekten geführt hat. Besonders häufig sind solche Auseinandersetzungen zwischen Informatik- und Telekommunikationsabteilungen. Durch das Auslagern von Telekommunikationsabteilungen kann sich ein Unternehmen solche Auseinandersetzungen zum Teil ersparen.

Allerdings können Telekommunikationsabteilungen auch sehr sensibel auf Auslagerungspläne reagieren. Das Personal wird sich insbesondere dann verletzt fühlen, wenn nicht rechtzeitig oder nicht ausreichend informiert wird. Unter den betroffenen Mitarbeiter und Mitarbeiterinnen kann dies zu einem Vertrauensverlust, zu einer Verunsicherung und zu einer entsprechenden Angst um den Arbeitsplatz führen, was sich auch in einem verschlechterten Arbeitsklima niederschlagen kann.

6.1.7 Sicherheit

Seitens der Unternehmen, die MNS als mögliche Alternativen in Betracht ziehen, werden häufig auch Bedenken in Bezug auf die Sicherheit von MNS geäussert. Dies ist auch verständlich, wenn man die zunehmende Bedeutung des Produktionsfaktors Information und der betrieblichen Kommunikation für ein Unternehmen in Betracht zieht. Aus diesen Bedenken heraus lassen sich Sicherheitsanforderungen an unternehmensweite Kommunikationsnetze und MNS ableiten, die sich sowohl auf die Vertraulichkeit und Integrität der übertragenen Daten als auch auf die Verfügbarkeit der entsprechenden Netze und Dienste beziehen. Diese

Sicherheitsanforderungen werden im folgenden kurz angesprochen; weitergehende Ausführungen finden sich in [Opp92, OH92, OH93].

6.1.8   Vertraulichkeit und Integrität

Will man die in einem unternehmensweiten Kommunikationsnetz oder im Rahmen von MNS übertragenen Daten vor einem Vertraulichkeits- und Integritätsverlust schützen, dann muss man in der Lage sein, auf passive und aktive Angriffe in geeigneter Weise reagieren zu können.

- Bei einem *passiven Angriff* wird die Vertraulichkeit der übertragenen Daten bedroht. Abbildung 6.1 zeigt die Situation. Der Eindringer kann Daten entweder entlang des Übertragungskanals oder direkt an den Arbeitsplätzen abhorchen und interpretieren (passive wiretapping), oder er kann sich aus dem Datenverkehr ein genaueres Bild über die Kommunikationsbeziehungen machen (traffic analysis). Solche Verkehrsanalysen erlauben Rückschlüsse, ob überhaupt und wie stark zwischen Netzteilnehmern kommuniziert wird, was sich z.B. für Börsenmakler oder militärische Befehlsgeber kompromittierend auswirken kann.

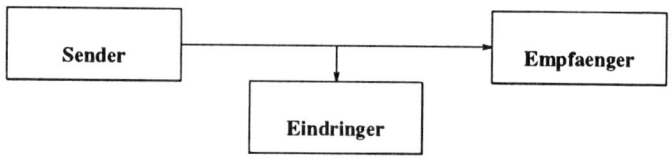

Abbildung 6.1: Passiver Angriff

Die Leichtigkeit, mit der passive Angriffe verübt werden können, hängt in erster Linie von den eingesetzten Übertragungsmedien und -verfahren ab. So sind passive Angriffe auf Richtstrahlverbindungen ihrer Natur entsprechend einfach, während sich das Abhorchen von Lichtwellenleitern als technisch schwierig erweist. Dazwischen stehen als metallische Leiter verdrillte Leitungspaare und Koaxialkabel.

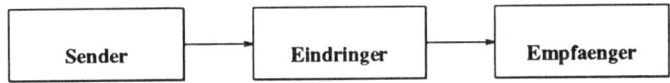

Abbildung 6.2: Aktiver Angriff

- Ein *aktiver Angriff* richtet sich in erster Linie gegen die Integrität der übertragenen Daten. Abbildung 6.2 zeigt die Situation. Indem sich der Eindringer aktiv in den Datenfluss einschaltet, kann er Daten stören, verändern, erweitern, verzögern, unterdrücken, vervielfältigen oder früher aufgezeichnete Daten wieder einspielen. Er kann auch autorisierte Zugriffe verhindern oder zeitkritische Operationen verzögern. Er kann sogar versuchen, Kommunikationsbeziehungen unter falschen Identitäten aufzubauen. Dazu hat er entweder früher abgehorchte Verbindungsaufbausequenzen wieder in den Kanal einzuspielen oder direkt unter falschen Identitäten aufzutreten. In beiden Fällen missbraucht er die Authentifikationsinformation eines zugangsberechtigten Benutzers, um selbst Zugang zum Netz zu erhalten.

Es stellt sich die Frage, wie man ein Kommunikationsnetz vor passiven und aktiven Angriffen schützen kann, und wann man ein Netz als sicher bezeichnen darf. Innerhalb des Joint Technical Committee 1 der International Standards Organization (ISO) und des International Electrotechnical Committee (IEC) hat sich eine Arbeitsgruppe dieser Fragen angenommen und 1989 als Teil 2 des OSI Referenzmodells für offene Systeme eine Sicherheitsarchitektur vorgeschlagen.

In dieser OSI-Sicherheitsarchitektur werden fünf Klassen von *Sicherheitsdiensten* (security services) und acht Klassen von *Sicherheitsmechanismen* (security mechanisms) unterschieden. Bei den Sicherheitsdiensten handelt es sich um Authentifikations-, Zugriffskontroll-, Datenvertraulichkeits- und -integritäts-, sowie Verbindlichkeitsdienste. Sicherheitsmechanismen ermöglichen die Umsetzung von Sicherheitsdiensten. Sicherheitsmechanismen sind Verschlüsselungen, digitale Unterschrifts-, Zugriffskontroll-, Datenintegritäts- und Authentifikationsmechanismen, sowie Verkehrsstopfung, Wegwahl und Notarisierung.

Offensichtlich kann ein Unternehmen, das ein eigenes Kommunikationsnetz aufbauen und betreiben will, selbst entscheiden, welche Sicherheitsdienste es benötigt und mit Hilfe welcher Sicherheitsmechanismen diese Sicherheitsdienste umzusetzen sind. Anders verhält es sich bei ausgelagerten Kommunikationsnetzen; hier ist das Unternehmen auf die im Rahmen von MNS-Verträgen angebotenen Sicherheitsdienste angewiesen. Auf die Wahl der Sicherheitsmechanismen hat das Unternehmen als MNS-Kunde meist keinen Einfluss.

Die meisten MNS-Anbieter weisen mit besonderem Nachdruck darauf hin, dass sie verschiedene Sicherheitsdienste anbieten, die auf individueller Basis auszuhandeln sind. Allerdings beziehen sich diese Sicherheitsdienste meist nur auf den Einsatz von Leistungsmerkmalen, die in öffentlichen Fernmeldenetzen angeboten werden. Man denke hier etwa an die Identifikation von rufenden Teilnehmern (Anschlusskennung) oder an geschlossene Benutzergruppen. Weitergehende Sicherheitsdienste erfordern meist den Einsatz von aufwendigen Verfahren; so sind bei einer Verschlüsselung z.B. Daten vor und nach ihrer Übertragung zu chiffrieren, bzw. zu dechiffrieren. Entsprechende Hard- und Software muss installiert und ein geeignetes Schlüsselverwaltungssystem betrieben und unterhalten werden.

In seltenen Fällen bieten MNS-Anbieter physikalisch abgetrennte Kundennetze an. Zwar ist diese Option aus sicherheitstechnischer Sicht zu begrüssen, doch muss dann auf die sonst bei MNS übliche und auch wirtschaftlich sinnvolle Aufteilung von Übertragungskapazitäten auf mehrere Kunden verzichtet werden.

Die MNS-Anbieter kennen die Sicherheitsbedenken ihrer Kunden sehr genau und haben in der Vergangenheit grossen Wert auf die Ausarbeitung von entsprechenden Sicherungstechniken und -strategien gelegt. Oft weisen sie darauf hin, dass gerade sie als Spezialisten besonders gut dazu in der Lage seien, effiziente Sicherheitslösungen auszuarbeiten und anzubieten.

Von sich aus wird aber kaum ein MNS-Anbieter Sicherheitsdienste anbieten, weil der Einsatz von entsprechenden Mechanismen finanziell und leistungsmässig zu stark ins Gewicht fällt.

Natürlich hat ein Unternehmen als MNS-Kunde auch die Möglichkeit, Sicherheitsdienste selbst zu erbringen. Er kann dann autonom entscheiden, ob und in welchem Umfang er Sicherheitsmechanismen einsetzen will. Diese Möglichkeit muss im Endeffekt nicht notwendigerweise die "unsicherste" sein; wenigstens wird kein subjektives Gefühl von falscher Sicherheit vermittelt und der Kunde kann von sich aus auch sehr weitreichende Sicherheitsmechanismen einsetzen, wenn er dies für notwendig und finanziell vertretbar hält.

6.1.9 Verfügbarkeit

Für viele Unternehmen ist die stete Verfügbarkeit ihrer Kommunikationsnetze und -dienste existentiell; fallen sie aus, dann können sehr schnell hohe Schadens- und Folgekosten entstehen. Ein Unternehmen wird versuchen, sich für solche Fälle besonders gut abzusichern.

Die öffentlichen Fernmeldenetze, auf denen sowohl unternehmensweite Kommunikationsnetze als auch MNS basieren, zeichnen sich durch bestimmte Ausfallhäufigkeiten aus. Diese Häufigkeiten können je nach Netz und Netzbetreiber variieren. Aus ihnen lassen sich Verfügbarkeitswerte für Kommunikationsnetze und -dienste errechnen. Durch vermaschte Netzstrukturen, d.h. durch Netze, die zwischen Knoten jeweils verschiedene und unabhängige Wege vorsehen, kann die Verfügbarkeit eines Netzes wesentlich verbessert werden.

MNS-Anbieter können in der Regel Verfügbarkeitswerte von 99.9% und mehr garantieren. Für den Fall, dass diese Werte nicht eingehalten werden, sind vertraglich Entschädigungszahlungen zu vereinbaren. Ein Unternehmen, das sein Kommunikationsnetz selbst aufbauen und betreiben will, kann durch einen geschickten Netzentwurf ebenfalls hohe Verfügbarkeitswerte erreichen; doch wird der Aufwand gegenüber MNS deutlich höher sein, weil alternative Wege hier nicht von mehreren Unternehmen gleichzeitig benutzt werden können.

In der Diskussion um Outsourcing stellt die drohende Abhängigkeit vom Anbieter manchmal auch ein Scheinargument dar; auch in anderen Wirtschaftsbereichen bestehen Abhängigkeiten, die sich aus der zunehmenden Verknüpfung von wirtschaftlichen Tätigkeiten auch begründen lassen.

Möglicherweise kann aufgrund einer mehrjährigen Zusammenarbeit von MNS-Anbieter und -Kunde ein ernsthaftes Sicherheitsproblem daraus entstehen, dass sich der Anbieter ein allzu grosses Wissen über betriebsinterne Strukturen (und Verwundbarkeiten) von einem Unternehmen aneignen kann. Der Anbieter kann Einblick in Daten gewinnen, die er grundsätzlich auch missbrauchen kann. Besonders kritisch ist die Situation, wenn sich MNS-Anbieter und -Kunde in einem Markt konkurrieren. Als z.B. die britische Fluggesellschaft Virgin Atlantic ihr Flugreservationssystem an British Airways ausgelagert hatte, nutzte British Airways in der Folge ihre Zugriffsberechtigungen auf die Kundendaten von Virgin Atlantic zur Abwerbung von Kunden aus. Auch wenn es sich bei diesem Fall nicht um MNS handelte, wird dennoch klar, dass die Auslagerung von betrieblichen Aufgaben immer auch mit nicht zu unterschätzenden Gefahren verbunden sein kann. Natürlich würde für einen MNS-Anbieter das Bekanntwerden eines solchen Vorfalls katastrophale Folgen haben; er wird deshalb alles daran setzen, auch nicht nur den kleinsten Verdacht einer Unregelmässigkeit aufkommen zu lassen. Ein Anbieter, der das Vertrauen seiner Kunden einmal verloren hat, wird es — wenn überhaupt — nicht so rasch wiedergewinnen können.

Der Entscheidungsfaktor Sicherheit spricht weder grundsätzlich für, noch grundsätzlich gegen den Aufbau und Betrieb von eigenen Kommunikationsnetzen. Im konkreten Fall wird man die zur Verfügung stehenden Alternativen sehr genau untersuchen müssen. Unter dem Aspekt der Sicherheit ist insbesondere auch die Wahl der in Frage kommenden MNS-Anbieter sorgfältig zu treffen; liegt hier kein Vertrauensverhältnis vor, dann kann die Zusammenarbeit auch wegen der langen Laufzeiten der Verträge problematisch werden. Um die Wichtigkeit eines guten Verhältnisses zwischen MNS-Anbieter und -Kunde zu unterstreichen, spricht der Dienstanbieter EDS von "Co-Sourcing" anstelle von Outsourcing.

Tabelle 6.1 fasst die Situation zusammen. Für die verschiedenen Entscheidungsfaktoren ist eine Bewertung im Hinblick auf den Aufbau

Entscheidungsfaktor	CN	MNS
Kontrollmöglichkeiten	+ +	0
Kosten	+	0
One-Stop Shopping und One-Stop Billing	- -	+ +
Zeit und Flexibilität	-	+
Technologiemigration	0	+ +
Personal	0	+
Sicherheit	0	0

Tabelle 6.1: Entscheidungsfaktoren

und Betrieb eines eigenen Unternehmensnetzes (CN) bzw. für MNS angegeben. 0 steht dabei für neutral; + bzw. - für Vor- bzw. Nachteile und + + bzw. - - für deutliche Vor- bzw. Nachteile.

6.2 Schlusswort

Die Frage, ob ein eigenes Kommunikationsnetz aufzubauen und zu betreiben ist, oder ob die Dienste eines MNS-Anbieters in Anspruch zu nehmen sind, ist einer der wichtigsten strategischen Entscheide, der für viele Unternehmen in den kommenden Jahren ansteht.

Je mehr Aufgaben ein Unternehmen auslagert, umso stärker kann es sich auf seine Kerngeschäfte konzentrieren. Die Auslagerung von Aufgaben, die mit diesen Kerngeschäften nichts oder nur wenig zu tun haben, entlastet insbesondere auch die Geschäftsleitung von heiklen und in der Regel mit langwierigen Abklärungsarbeiten behafteten Entscheiden. Je weiter weg die Kerngeschäfte eines Unternehmens von der Telekommunikation liegen, umso schwieriger wird es sein, die immer komplexer werdenden Telekommunikationsaufgaben in eigener Regie zu bewältigen.

Ein "Make-or-Buy"-Entscheid hängt deshalb auch immer davon ab, in welchen Kerngeschäften ein Unternehmen tätig ist. Ist das Unternehmen bereits im Telekommunikationsbereich aktiv, dann wird es sein Kommunikationsnetz kaum sinnvoll auslagern können. Anders verhält es sich bei Unternehmen aus anderen Branchen; hier ist ein "Make-or-Buy"-Entscheid sehr sorgfältig zu fällen.

Aufgrund seiner strategischen Bedeutung für das gesamte Unternehmen gehört der "Make-or-Buy"-Entscheid auf die oberste Geschäftsleitungsebene. Nicht selten werden heute noch Telekommunikationsabteilungen mit der Abklärung von Auslagerungsalternativen betraut. Wenn sie dabei als unmittelbar Betroffene zu andern Schlüssen kommen als Aussenstehende, braucht niemand erstaunt zu sein. Kämen sie zur Auffassung, dass ein MNS-Angebot im Sinne und Interesse des Unternehmens wäre, dann würden sie ihre eigene Arbeit disqualifizieren und sich eventuell der Auflösung preisgeben.

In diesem Buch wurde versucht, die verschiedenen Handlungsalternativen für ein Unternehmen möglichst breit darzulegen und mit ihren Vor- und Nachteilen einander gegenüberzustellen. Dabei gibt es kein allgemeingültiges Entscheidungsverfahren. Jedes Unternehmen hat für sich selbst die in diesem Kapitel diskutierten Entscheidungsfaktoren zu untersuchen, zu bewerten und zu gewichten; es sollte sich dafür genügend Zeit lassen.

Kommt das Unternehmen zum Schluss, dass es sinnvollerweise ein Kommunikationsnetz selbst entwirft, aufbaut und betreibt, dann kann es sich der im vierten Kapitel beschriebenen Methode für die Analyse, Entwurf und Optimierung von unternehmensweiten Kommunikationsnetzen bedienen.

Kommt das Unternehmen dagegen zum Schluss, dass eine Auslagerung von betrieblichen Kommunikationsaufgaben und ein Fremdbezug von entsprechenden Dienstleistungen sinnvoll ist, dann ist der Evaluation eines MNS-Partners grosse Beachtung zu schenken. Wichtig ist hier, wie weit ein Anbieter gewillt und fähig ist, auf die individuellen Anforderungen und Wünsche des Kunden einzugehen. Das Unternehmen wird sich weiterentwickeln, und damit werden sich auch die betrieblichen Kommunikationsbedürfnisse ändern. Diese veränderten Bedürfnisse werden Anpassungen am Kommunikationsnetz erforderlich machen. Es ist wichtig, dass sich ein MNS-Anbieter sowohl in Bezug auf das Anbieten von neuen Diensten als auch in Bezug auf das Bedienen von neuen geographischen Regionen flexibel zeigt. Zu klären ist natürlich auch die Frage, ob und in welcher Form vorhandene Netzkomponenten im Rahmen eines MNS eingesetzt, bzw. vom Anbieter übernommen werden können. Diese Frage stellt sich natürlich auch für das Personal.

Schliesslich können bei der Auswahl von MNS-Partnerfirmen auch bereits existierende und gut funktionierende Geschäftsbeziehungen eine grosse Rolle spielen. Vorsicht ist in jedem Fall geboten, wenn an einer gesunden wirtschaftlichen Verfassung des Anbieters Zweifel bestehen; es ist dann wenigstens abzuklären, ob und von wem das Unternehmen allenfalls weiter betreut werden könnte.

Anhang A

Glossar

Applikation: Telekommunikationsanwendung, die in einem Unternehmen eingesetzt werden kann, um einen oder mehrere Informationsflüsse zu ermöglichen. Als Applikationsklassen werden synchrone und asynchrone Sprach-, Daten- und Bildübertragungen unterschieden.

Applikationsmatrix: Zusammenfassung der in einem Unternehmen eingesetzten oder einzusetzenden Applikationen.

Deregulierung: Entschärfung oder Rücknahme von regulierenden Vorschriften.

Dienst: In einem Netz angebotener Telekommunikationsdienst; es werden Grund- und Mehrwertdienste unterschieden.

Entscheidungsfaktor: Themenbereich, in dem sich zur Verfügung stehende Handlungsalternativen unterscheiden.

Gemeinwirtschaftliche Leistung: Von politischer Seite auferlegte aber nicht abgegoltene Leistung. In den meisten Staaten haben die PTT-Betriebe als gemeinwirtschaftliche Leistung eine flächendeckende Grundversorgung mit bestimmten Telekommunikationsdiensten sicherzustellen.

Geschäftsprozess: Material- und informationsverarbeitender Prozess innerhalb eines Unternehmens. Im Hinblick auf die Analyse und den Entwurf von unternehmensweiten Kommunikationsnetzen interessieren in erster Linie die informationsverarbeitenden Geschäftsprozesse.

Geschlossene Benutzergruppe: In einem öffentlichen Wählleitungsnetz angebotenes Leistungsmerkmal. Die Mitglieder einer geschlossenen Benutzergruppe können innerhalb eines Dienstes nur miteinander kommunizieren. Teilnehmer, die dieser Gruppe nicht angehören, können zu ihnen keine oder nur ganz bestimmte Verbindungen aufbauen.

Grunddienst: Dienst, der als reiner Übertragungsdienst den anwendungsneutralen Transport von Sprach-, Daten- oder Bildinformationen zum Inhalt hat.

Informationsfluss: Uni- oder bidrektionale Übertragung von Information zwischen zwei Geschäftsprozessen; ermöglicht synchrone oder asynchrone Kommunikationsbeziehungen.

Knoten: Auf Namen und geographische Koordinaten reduzierte Unternehmenseinheit.

Kommunikation: Bi- oder multilateraler Austausch von Information tragenden Signalen.

Kommunikationsmatrix: Zusammenfassung der für ein Unternehmen spezifizierten Verbindungen.

Leitung: Physikalisches Übertragungsmedium (verdrilltes Leitungspaar, Koaxialkabel, Lichtwellenleiter, ...), das zwei oder mehrere Punkte zur analogen oder digitalen Signalübertragung verbindet.

Liberalisierung: Entlassung eines Marktes aus einem staatlichen oder staatsähnlichen Monopol.

Managed Network Service: Dienstangebot, das den Aufbau, Betrieb und Unterhalt von unternehmensweiten Kommunikationsnetzen auf der Netzinfrastruktur des Dienstanbieters zum Inhalt hat.

Mehrwertdienst: Auf einem Grunddienst aufsetzender Dienst, der die Ergänzung, Speicherung, Veränderung oder eine andere Form der (Nach-) Bearbeitung von übertragenen Informationen zum Inhalt hat.

Methode: Strukturierte Vorgehensweise zur Lösung eines komplexen Problems.

Netz: Leitungsverbund mit dem Ziel, Kommunikation zwischen Teilnehmern zu ermöglichen.

Öffentliches Netz: Netz, dessen Zugang für alle Teilnehmer zu vergleichbaren Konditionen möglich ist. In den meisten europäischen Staaten dürfen öffentliche Weitverkehrsnetze nur von den nationalen PTT-Betrieben aufgebaut und betrieben werden.

Outsourcing: Auslagerung von betrieblichen Aufgaben, bzw. Fremdbezug von entsprechenden Dienstleistungen.

Privates Netz: Netz, dessen Zugang strengen Restriktionen untersteht und nur für einen begrenzten Teilnehmerkreis möglich ist. In den meisten europäischen Staaten dürfen als private Netze nur lokale Netze, Teilnehmervermittlungsanlagen und Betriebsfunknetze aufgebaut und betrieben werden. Fasst man den Begriff etwas weiter, dann können private Netze auch auf der Basis von Mietleitungen realisiert werden.

Privatisierung: Überführung von Staats- in Privatbesitz.

Rechnergestützter Netzentwurf: Netzentwurf, der in wesentlichen Teilen von einem Rechenautomaten geleistet wird.

Regulierung: Ordnungspolitisches Eingreifen eines Staates in einen oder mehrere Märkte.

Telekommunikation: Kommunikation, die über Hör- und Sichtweite hinausgeht.

Telekommunikationsmarkt: Markt, auf dem Telekommunikationsgeräte und -dienste angeboten und nachgefragt werden.

Unternehmen: Material- und informationsverarbeitendes sozio-technisches System, das auf mehrere Niederlassungen verteilt sein kann.

Unternehmenseinheit: Niederlassung eines Unternehmens.

Unternehmensmodell: Auf eine Spezifikation von betrieblichen Kommunikationsbedürfnissen ausgerichtete Unternehmensbeschreibung.

Unternehmensmodellierung: Erstellung eines Unternehmensmodelles.

Unternehmensweites Kommunikationsnetz:
Zusammenschluss von privat betriebenen lokalen Kommunikationssystemen über öffentliche Netze mit dem Ziel, standortübergreifend ebenso gute Kommunikationsmöglichkeiten zu schaffen, wie lokal auf einem Firmengelände.

Im englischen Sprachraum wird dabei noch unterschieden, ob sich ein unternehmensweites Kommunikationsnetz auch auf die lokalen Kommunikationssysteme eines Unternehmens bezieht (Corporate Network) oder nicht (Enterprise Network).

Verbindung: Zwischen zwei Unternehmenseinheiten existierendes und aus technischer Sicht beschriebenes Kommunikationsbedürfnis.

Virtuell privates Netz: In einem öffentlichen Wählleitungsnetz angebotene geschlossene Benutzergruppe mit spezieller Tarifierung und individuell festlegbarer Teilnehmeranschlussnummerierung.

Anhang B

Abkürzungen

ADPCM   Adaptive Differential Pulse Code Modulation
ASST   Azienda di Stato per i Servizi Telefonici
AT&T   American Telephone and Telegraph Company
ATM   Asynchronous Transfer Mode

BA   Basisanschluss (ISDN)
BAKOM   Bundesamt für Kommunikation
BEDAG   Bernische Datenverarbeitungs AG
Bellcore Bell Communications Research Inc.
B-ISDN   Broadband-ISDN
BMPT   Bundesministerium für Post und Telekommunikation
BOC   Bell Operating Company
bps   Bit per second
BT   British Telecommunications plc
BZT   Bundesamt für Zulassungen in der Telekommunikation

CAND   Computer Aided Network Design
CBDS   Connectionless Broadband Data Service
CCITT   Consultative Committee on International Telegraphy and Telephony
CNET   Centre National d'Etudes des Télécommunications
CSC   Computer Sciences Corporation
CUG   Closed User Group

DBP   Deutsche Bundespost
DIN   Deutsches Institut für Normung e.V.
DQDB   Distributed Queue Dual Bus

EAZ   Endgeräteauswahlziffer
E-Mail Electronic Mail
EDI   Electronic Document Interchange
EDNS   Enterprise Defined Network Service
EDS   Electronic Data Systems Corporation
EDV   Elektronische Datenverarbeitung
EG   Europäische Gemeinschaft
ENS   Enterprise Networks Switzerland
ETSI   European Telecommunications Standards Institute
EVED   Eidgenössisches Verkehrs- und Energiewirtschaftdepartement
EU   Europäische Union

FCC   Federal Communications Commission
FDDI   Fiber Distributed Data Interface
FDT   Formal Description Technique
FMG   Fernmeldegesetz
FPS   Fast Packet Switching

Gbps   Giga bps
GM   General Motors
GNS   Global Network Service

IAM   Institut für Informatik und angewandte Mathematik
IBC   Integrated Broadband Communication
IBM   International Business Machines Corp.
IEC   International Electronical Commission
IEEE   Institute of Electrical and Electronic Engineers
IN   Intelligent Network
ISDN   Integrated Services Digital Network
ISO   International Standards Organization
ISSC   Integrated Systems Solutions Corporation
IT   Informationstechnologie
ITT   International Telephone and Telegraph Company
ITU   International Telecommunications Union
IuK   Information und Kommunikation

kbps   Kilo bps
KDD   Kokusai Denshin Denwa Company Ltd.

LAN   Local Area Network
LATA   Local Access and Transport Area

MAN   Metropolitean Area Network
Mbps   Mega bps
MCI   Microwave Communications Incorporated
MNS   Managed Network Service
Modem   Modulator-Demodulator

NDT   Network Design Tool
NT   Network Termination (ISDN)
NTT   Nippon Telegraph and Telephone Corporation

OFTEL   Office of Telecommunications
OSI   Open Systems Interconnection

PAD   Packet Assembler/Disassembler
PCM   Pulse Code Modulation
PDN   Public Data Network
PMXA   Primärmultiplexanschluss (ISDN)
PNS   Private Network Service
PSTN   Public Switched Telephone Network
PTT   Post-, Telefon- und Telegraphen
PVC   Permanent Virtual Circuit

RACE   Research and Development in Advanced Communication
          Technology for Europe
RBHC   Regional Bell Holding Company

SBB   Schweizerische Bundesbahnen
SCP   Service Control Point
SDL   Specification and Description Language
SDDN   Software Defined Data Network

SDH	Synchrone Digitale Hierarchie
SDN	Software Defined Network
SIP	Società Italiana per l'Esercizio delle Telecommunicatione
SMDS	Switched Multimegabit Data Service
SMS	Service Management System
SONET	Synchronous Optical Network
SSP	Service Switching Point
STD	State Transition Diagram
STI	Swedish Telecom International
STM	Synchronous Transport Module
SVC	Switched Virtual Circuit
TA	Terminal Adapter
TCP	Transport Control Protocol
TE	Terminal Equipment
TVA	Teilnehmervermittlungsanlage
Ubinet	UBS's Integrated Network
UBN	Unisource Business Networks
USA	United States of America
USS	Unisource Satellite Services
VAS	Value Added Service
VC	Virtual Circuit
VPDN	Virtual Privat Data Network
VPN	Virtual Private Network
WAN	Wide Area Network
ZZF	Zentralamt für Zulassungen im Fernmeldewesen

Literaturverzeichnis

[Aeb91]   B. Aeby. Die internationalen erweiterten Dienste von Infonet. *Technische Mitteilungen PTT*, Seiten 274 – 282, Juli 1991.

[All89]   R.E. Allen. The Effects of Regulatory Policy on the International Telecommunications Market. *IEEE Communications Magazine*, 27(1):26 – 28, 1989.

[BE92]   J.J. Brosemer und D.J. Enright. Virtual Networks: Past, Present and Future. *IEEE Communications Magazine*, 30(3):80 – 85, 1992.

[Bel87]   R. Bell. *Private Telecommunications Networks — Design and Implementation for Business*. Communications Educational Services Ltd, London, 1987.

[BG92]   E. Bohländer und W. Gora. Intelligente Netze. *Diebold Management Report*, Seiten 16 – 20, November 1992.

[BM91]   J.F. Bütikofer und P. Martin. SWISSNET, das schweizerische dienstintegrierende Netz. *Technische Mitteilungen PTT*, Seiten 147 – 166, April 1991.

[Bou92]   J.Y. Boudec. The Asynchronous Transfer Mode: A Tutorial. *Computer Networks and ISDN Systems*, 24(4):279 – 309, 1992.

[Bri90]   D. Briere. *Virtual Networks*. Artech House, Norwood, 1990.

[BW91]   R. Burri und A. Wettstein. Verbindungsloser Kommunikationsdienst CLNS. *Technische Mitteilungen PTT*, Seiten 167 – 176, April 1991.

[Cav92]   J.P. Cavanagh. Applying the Frame Relay Interface to Private Networks. *IEEE Communications Magazine*, 30(3):48 – 64, 1992.

[CDL+89] P. Chardaire, F. Dreyfuss, M. Lesk, J.L. Lutton und M. Ribeyron. Corporate Network Planning: The ORIENT Project of CNET. In Lada L., Hrsg., *Network Planning in the 1990's*, Seiten 181 – 187. Elsevier Science Publishers, 1989.

[CFTG92] M. Carpentier, S. Fanoux-Toporkoff und C. Garric. *Telecommunications in Transition*. John Wiley & Sons Ltd., Chichester, 1992.

[Che76]   P. Chen. The Entity-Relationship Model — Toward A Unified View of Data. *ACM Transactions on Database Systems*, 1(1):9 – 36, 1976.

[CKO92]   B. Curtis, M.I. Kellner und J. Over. Process Modeling. *Communications of the ACM*, 35(9):75 – 90, 1992.

[Cor91]   C.M. Corbalis. Frame Relay Protocols, Standards and Controversies. *Business Communications Review*, Seiten 70 – 75, March 1991.

[DeM79]   T. DeMarco. *Structured Analysis and System Specification*. Prentice-Hall, Englewood Cliffs, N.J., 1979.

[DHH92]   F. Darabi und M. Howard-Healy. *Virtual Private Networks: Market Strategies*. Ovum Ltd., London, 1992.

[DLR90]   F. Dreyfuss, M. Lesk und M. Ribeyron. La planification des réseaux d'entreprise. L'écho des recherches No. 141, Centre National d'Etudes des Telecommunications (CNET), Paris, 1990.

[EG87]   Kommission der EG. Auf dem Wege zu einer dynamischen
            europäischen Volkswirtschaft — Grünbuch über die Ent-
            wicklung des gemeinsamen Marktes für Telekommunikations-
            dienstleistungen und Telekommunikationsgeräte, Juni 1987.

[For92]   H. Forner, Hrsg. *Corporate Networks — Netze für Kommu-
            nikationsgemeinschaften.* R.v. Decker, Heidelberg, 1992.

[Fre92]   H. Frey. Telekommunikation als prägender Faktor interna-
            tionaler Unternehmens- und Wirtschaftsentwicklung. *Thexis,*
            9(2):40 – 43, 1992.

[GG87]   P.E. Green und D.N. Godard. Prospects and Design Choi-
            ces for Integrated Private Networks. *IBM Systems Journal,*
            26(1):37 – 54, 1987.

[Gör92]   F. Görts. Erfahrungen mit dem ordnungspolitischen Modell
            der Telekommunikation aus der Sicht des Bundesministeri-
            ums für Post und Telekommunikation. In *ONLINE '92, 15.
            Europäische Congressmesse für Technische Kommunikation,*
            Seiten I.07.01 – I.07.15, 1992.

[GS78]   C. Gane und T. Sarson. *Structured Systems Analysis: Tools
            and Techniques.* Prentice-Hall, Englewood Cliffs, N.J., 1978.

[Han92]   J. Hanker. *Die strategische Bedeutung der Informatik für
            Organisationen.* B.G. Teubner, Stuttgart, 1992.

[Hob92]   M. Hobmeier. Vorgehen bei Outsourcing-Entscheiden. Di-
            plomarbeit, Hochschule St. Gallen für Wirtschafts-, Rechts-
            und Sozialwissenschaften, April 1992.

[Ker93]   A. Kershenbaum. *Telecommunications Network Design Al-
            gorithms.* McGraw-Hill, Hightstown, NJ, 1993.

[Kot93]   J. Kotschenreuter. Harter Wettbewerb im Markt der Virtuell
            Privaten Netze. *ntz,* 46(3):176 – 181, 1993.

[Mey88]   H. Mey. Das Neue Fernmeldegesetz aus Realwirtschaftlicher
           Sicht. Institut für Informatik und angewandte Mathematik,
           Universität Bern, 1988.

[Mul92]   N.J. Muller. Integrated Network Management. *Information
           Systems Management*, 9(4):8 – 15, 1992.

[Nor92]   H.J. van Norman. *LAN/WAN Optimization Techniques*. Ar-
           tech House, Norwood, 1992.

[OH92]   R. Oppliger und D. Hogrefe. Sicherheit in unternehmenswei-
           ten Kommunikationsnetzen (CCN). *Praxis der Informations-
           verarbeitung und Kommunikation*, 15(4):213 – 217, 1992.

[OH93]   R. Oppliger und D. Hogrefe. Corporate Network Security. In
           *Proceedings of the IEEE Singapore International Conference
           on Networks and International Conference on Information
           Engineering (SICON/ICIE '93*, Seiten 426 – 430, 1993.

[Opp92]   R. Oppliger. *Computersicherheit — Eine Einführung*.
           Vieweg-Verlag, 1992.

[Opp93]   R. Oppliger. Analyse und Entwurf von unternehmensweiten
           Kommunikationsnetzen. Dissertation, Institut für Informatik
           und angewandte Mathematik, Universität Bern, Juli 1993.

[OWH93]   R. Oppliger, S. Weber und D. Hogrefe. Entwurf von virtuell
           privaten Netzen. In N. Gerner, H.G. Hegering und J. Swo-
           boda, Hrsg., *Kommunikation in Verteilten Systemen*, Seiten
           428 – 441. Springer-Verlag, 1993. ITG/GI-Fachtagung in
           München, 3. – 5. März 1993.

[OWL92]   R. Oppliger, S. Weber und B. Liver. Expertensystem kon-
           figuriert virtuell private Netze. *Output*, Seiten 43 – 47, Mai
           1992.

[Pot92]   M. Potts. EXPLOITation of an ATM testbed for broadband
           experiments and applications. *Electronics & Communication
           Engineering Journal*, Seiten 385 – 393, December 1992.

[Pre88]   B. Preissl. Internationale Standortwahl und nationale Fern-
          meldepolitik. WIK-Diskussionsbeiträge zur Telekommunika-
          tionsforschung Nr. 37, April 1988.

[Pry91]   M. de. Prycker. *Asynchronous Transfer Mode. Solution for
          B-ISDN.* E. Horwood Ltd., Chichester, 1991.

[Pyl92]   R.H. Pyle. Planning Corporate Networks for an Integrated
          Information Environment. *IEEE Communications Magazine*,
          30(3):86 – 89, 1992.

[Rot88]   M.L Rothberg. Network Planning and Design. Datapro Re-
          search Corporation, April 1988.

[RS92]   M.N. Ransom und D.R. Spears. Applications of Public Gi-
          gabit Networkse. *IEEE Network*, 6(2):30 – 40, 1992.

[Sch91]   W. Schmidt. Datenschutz und ISDN — Stand und Ausblick.
          In H. Lippold, P. Schmitz und H. Kersten, Hrsg., *Sicherheit
          in Informationssystemen*, Seiten 112 – 121. Vieweg-Verlag,
          1991.

[SH92]   H. Schmid-Heizer. Corporate Network — Eine Herausfor-
          derung für die 90er Jahre. *Theorie und Praxis der Wirt-
          schaftsinformatik*, Seiten 21–35, 1992. Heft 167.

[Stü93]   Ph.J. Stüssi. Managed Network Services. Diplomarbeit, In-
          stitut für Informatik und angewandte Mathematik, Univer-
          sität Bern, 1993.

[Tay92]   S.A. Taylor. Frame Transport Systems. *IEEE Communica-
          tions Magazine*, 30(3):66 – 70, 1992.

[UC89]   H. Ungerer und N. Costello. *Telekommunikation in Europa.*
          Sammlung "Europäische Perspektiven". Kommission der EG,
          Brüssel, 1989.

[Val93]   T. Valovic. *Corporate Networks: The Strategic Use of Tele-
          communications.* Artech House, Norwood, 1993.

[Web93]   S. Weber. Optimierung von Telekommunikationskosten in Unternehmen. Dissertation, Institut für Informatik und angewandte Mathematik, Universität Bern, November 1993.

[Wei78]   V. Weinberg. *Structured Analysis*. Prentice-Hall, Englewood Cliffs, N.J., 1978.

[WOH92]   S. Weber, R. Oppliger und D. Hogrefe. An Optimization Method for Virtual Private Network Design. In *Second IEE International Conference on Private Switching Systems and Networks*, Conference Publication No. 357, Seiten 31 – 36. Institution of Electrical Engineers, June 1992.

[Yos89]   H. Yoshizaki. Breakup of AT&T and Liberalization of the Telecommunications Business. *IEEE Communications Magazine*, 27(1):22 – 23, 1989.

[You89]   E. Yourdon. *Modern Structured Analysis*. Prentice-Hall, Englewood Cliffs, N.J., 1989.

[Zbi91]   P. Zbinden. Erstellen und Überwachen von Mietleitungen. *Technische Mitteilungen PTT*, Seiten 138 – 146, April 1991.

[Zer92]   T.G. Zerbiec. Considering the Past and Anticipating the Future for Private Data Networks. *IEEE Communications Magazine*, 30(3):36 – 46, 1992.

Index

Mobilfunk und intelligente Netze

Grundlagen und Realisierung mobiler Kommunikation

von Jacek Biala

1994. XVI, 399 Seiten. Gebunden.
ISBN 3-528-05302-X

Aus dem Inhalt: Nachrichtentechnische Grundbegriffe – Mobilfunk in Europa – Grundlagen intelligenter Netze – Aufbau und Organisation des GSM-Systems – Codierung und Signal-Prozeß Funktionen – CCS7-Signalisierung – TCAP-Anwender – BSS-MSC-Schnittstelle – BTS-Netzmanagement – Tests.

Das digitale Mobilfunknetz ist eine technische Glanzleistung und zugleich eine der ersten europäischen Anwendungen intelligenter Netze. Diese Technologie hat sehr große Innovationskraft und ist richtungsweisend für weitere Entwicklungen bis über das Jahr 2000 hinaus. Zum Zeitpunkt des Erscheinens des Werkes von Jacek Biala, sind die Entwicklungsarbeiten der ersten Phase des paneuropäischen Mobilfunksystems abgeschlossen. Die ihnen zugrundeliegenden Unterlagen (GSM- und CCITT-Empfehlungen) und eine Reihe weiterer, wichtiger Aspekte werden dem Leser durch dieses Buch zugänglich gemacht. Es ist eines der ersten Bücher über digitale, mobile Telekommunikation und intelligente Netze im deutschsprachigen Raum.

Verlag Vieweg · Postfach 58 29 · 65048 Wiesbaden **vieweg**

Online-Recherche –
Neue Wege zum Wissen der Welt

Eine praktische Anleitung zur effizienten Nutzung von
Online-Datenbanken

von Peter Horvath

1994. XIV, 187 Seiten. Gebunden.
ISBN 3-528-05392-5

Aus dem Inhalt: Entstehung von Datenbanken, Online-Diensten u.a. in den letzten 20 Jahren – Das Retrieval – Bibliographische Hilfsmittel und Online-Recherche – Vorstellung von Datenbank-
verzeichnissen – Technische Voraussetzungen: Vom Modem bis Datex-P – Beispiele für Online-Recherchen – Adres-
sen und Literatur.

Online-Datenbanken stellen dem An-
wender heutzutage einen gigantischen
Wissensfundus zur Verfügung. Das Buch
zeigt auf, wie man das Instrument der
Online-Recherche effektiv nutzen kann,
um gesuchte Informationen schnell und
gewinnbringend zu finden. Ferner stellt
das Buch zahlreiche Datenbanken und
deren Wissenspotential vor. Technische Voraussetzungen werden ebenso
erläutert wie bibliographische Hilfsmittel und Retrieval-Verfahren. Über ein
Adressenverzeichnis sowie über ein Glossar kann sich der Leser wichtige
Fachbegriffe erschließen.

Verlag Vieweg · Postfach 58 29 · 65048 Wiesbaden